풀어 쓴

태을금화종지

太乙金華宗旨

풀어 쓴

태을금화종지

太乙金華宗旨

도교의 경전

무각명상

일 러 두 기

태을금화종지는 중국 청대 도교의 저서로, 본래 이름은 '선천허무태을금화종지'이다. 1692년 정명파 제자들이 당나라 말 여동빈의 강림으로 글을 받아 적은 것이라 한다. 그러므로 저자가 확실치 않은 것은 저술된 방법이 강림한 내용을 적은 것으로 저작된 때문일 것이다.

또한 20세기 초 심리학자 칼 융이 우연히 발견하여 빌헬름이라는 제자에게 독일어로 번역을 시켰다 한다. 그러나 중국어를 서양어로 번역하다 보면 오역이 발생할 수밖에 없는데 그것을 나중에 오역을 바로 잡아 다시 번역되었다고 한다.

여기서 다루는 태을금화종지는 본인이 이십 여 년 전부터 보관하던 것을 여러 종의 태을금화종지의 번역과 대조하면서 오류일 것 같은 부분은 앞뒤를 살펴 문맥에 가장 적절한 것을 취한 것이다. 그러므로 어떤 부분에서는 원문과 맞지 않는 경우도 있을 것이다.

태을금화종지는 소지림이 증편한 여조전서 제49권에 수록되어 있는 '선천허무태을금화종지'는 현존하는 초고본으로 전체가 13장으로 이루어져 있다. 여조전서를 증편한 소지림은

서문에서 밝히길, '태을금화종지'는 최초에 정양진군이 두중 효제왕으로부터 이어 받은 것으로 문자화 된 것이 아니었다. 그러나 이후 1668년에 이르러 여조께서 비릉 백룡정사의 도단에 강림하시어 태을금화종지를 널리 선양하도록 칙령을 내리셨음으로 유래하였다."고 하였다.

백룡정사의 정명파 제자 도우암은 태을금화종지에 대하여 찬을 붙였는데, "여조께서 백룡정사에 강림하셔서 글을 내리시어 제자 7명이 가르침을 받으니, 과거 효제왕이 직접 전하신 태을금화종지였다."고 하였다.

이와 같이 태을금화종지는 도우암을 포함한 7명의 여조도단 제자들이 강소성 비릉의 고홍매각에서 여조, 담장생, 구처기 등 전진교의 옛 조사들이 정명도법에 강림하여 강필한 글들을 집성한 것이다.

도우암은 〈태을금화종지〉 서문에서 밝히길 "허정양께서 승천하신 후 천제께서 여조와 담장생으로 하여금 정명도법을 관장케 하셨으나 정명도법은 유실되었다. 다시 후일에 이르러 여조께서 태을금화종지를 강필로 내려주셔서 정명도법이 다시금 세상에 전파될 수 있게 되었다."고 설명하였다.

1장 천심에서 이르길, 예로부터 선仙의 진리를 깨달은 이들은 구전으로 전수해 주었고, 한 사람 한 사람씩 전해 주었다. 태상太上이 동화東華에게 모습을 드러내었고 도는 암巖에게 계승되었으며 이후 남종南宗과 북종北宗으로 전해짐으로써 도가 활짝 피어난 모습으로 볼 수 있다고 하였다.

여기에서 태상太上이라는 존칭은 노자가 말한 형이상학적 현실을 가리킨다. 동화東華는 종리취앤의 스승이었고, 종리취앤은 루이앤의 스승이었다. 여기서 '巖'은 루이앤이며, 루이앤은 도교의 전진파의 직계 시조로 여겨지는데, 전진파는 11-12세기 경에 巖의 제자들과 후손들이 세운 파이다.

태을金華의 가르침 자체를 펼친 분은 루이앤으로 알려져 있다. 그러나 巖의 생애에 대해서는 설이 분분하며, 도교 전통에 따르면 그는 불멸의 경지에 이르러 아직도 살아 있다고 전해진다. 巖이 썼다고 하는 경전 대부분은 전진파가 성립되고 나서 수백 년 후에 영적 소통을 통해 전수받은 것이며, 巖 본인이 직접 쓴 것은 아니다.

전진 도교는 11-12세기에 엄청난 파급력을 발휘해 수많은 추종자들과 모방자들을 끌어들였다. 나중에는 전진파의 사이비가 생겨났으며, 이 책이 집필될 당시 250년 전의 전진 도교는 거의 유명무실한 상태였다.

그리하여 허조(許眞君)이라는 스승이 자애심을 내어 모두를 해탈로 이끌고자 했는데, 특히 교리에 없는 특별한 가르침을 전해 주었다. 그것을 들을 기회는 천겁에 한 번 있을까 말까 한 것이다. 허조許祖는 '쉬진양'이라는 3-4 세기경에 존재했던 위대한 도가 사상가를 가리키는 듯하다.

어쨌든 그는 이 책의 저자라고 하는 루이앤의 출현을 예언했다. 또한 그는 12세기 후에 다시 세상에 나올 거라 말했다고 하는데, 이 시기는 '태을금화종지'를 루이앤에게서 받은 시기였다. 이 책은 본래 말로 전해 주지 않고, 특수한 집중 수행 기간에 비전으로 전수받은 것을 기록한 책이라 교외별전(敎外別傳)이라 한다.

여조는 이르길 나는 분부에 따라 해탈의 안내인 역할을 하고 있으며 太乙金華의 본래 요지를 밝히려 한다고 하였다. 그리고 뒤에 허진군許祖의 자애심을 잊지 말라고 하였으니 태을금화를 최초로 설한 분은 허조임을 추정할 수 있다.

태을금화金華란 말에는 최고의 황금 빛이며 천상 신선의 완전히 일체가 된 기운이다. 그것을 일컬어 "물의 고향에 있는 납의 맛은 단 한 가지다."라는 격언을 예로 들어 설명했는데 어째서 납이라고 했는지는 모르겠으나 납은 진짜 앎의 진정한 의미를 상징한다.

그러므로 물이 상징하는 의식적인 앎 속에 존재하는 진정한 앎을 의미한다. 납이 한 가지 맛이라는 것은 진리의 진정한 의미는 의식 자체의 본성이 얻는 것이지, 의식을 변형해서 얻는 게 아니라는 의미이다. 그것은 분별의식에 의해 제한을 받지 않는 진정 보편적인 진리라는 것이다. 빛을 돌리는 수행의 전부는 거꾸로 돌리는 '역법'을 이용한다고 하였다.

역법이란 '빛을 돌린다(回光)'는 의미를 지녔으며 정신의 눈을 내면으로, 의식의 근원을 향해 되돌린다는 뜻이다. 최고 심오한 세계의 경이로움 모두 마음속에 있으며, 마음속에 완전히 탁 트이고 똑똑히 의식하는 혼이 살고 계신다. 그것을 황금의 꽃이라고 부르고 빛이 그 집의 주인이다. 따라서 그저 빛을 돌려라. 이것보다 더 오묘한 진리는 없다는 것이다.

오랫동안 빛을 돌리면 빛은 응결된다. 이것이 자연스러운 영적인 몸이며, 모든 선정의 경지들을 뛰어넘은 상태이다. 금단이란 진정한 원초적 기이며, 모든 것이 통합된 기를 가리킨다. 이 기를 정화하기 위해 빛을 돌리는 회광(回光)의 불을 거치고 나면 영원히 파괴되지 않게 되며, 그것을 일컬어 금으로 지은 약[金丹]이라 하는 것이다.

목   차

제 1장 하늘의 중심

天心第一

呂祖曰。自然曰道。道無名相。一性而已。一元神而已。性命不可見。寄之天光。天光不可見。寄之兩目。古來仙真皆口口相傳。傳一得一。自太上化現東華。遞傳巖以及南北兩宗。全真可為極盛。盛者盛其徒眾。衰者衰於心傳。以至今日。氾濫極矣。凌替極矣。極則返。故昔日有許祖垂慈普渡。特立教外別傳之旨。聞者千劫難逢。受者一時法會。皆當仰體許祖心。先於人倫日用間立定腳跟。方可修真悟性。我奉勅為度師。今以太乙金華宗旨發明。然後細為開說。太乙者。無上之謂。丹訣甚多。總假有為而臻無為。非一超直入之旨。我傳宗旨。直提性功。不落第二法門。所以為妙。金華即光也。光是何色。取象於金華。亦秘一光字。在內是天仙太乙之真炁。水鄉鉛只一味者。此也。回光之功。全用逆法。方寸中具有鬱羅蕭台之勝。玉京丹闕之奇。乃至虛至靈之神所注。儒曰虛中。釋曰靈台。道曰祖土。曰黃庭。曰玄關。曰先天竅。蓋天心猶宅舍一般。光乃主人翁也。故一回光。則周身之氣皆上朝。諸子只去回光。便是無上妙諦。光易動而難定。回之既久。此光凝結。即是自然法身。而凝神於九霄之上矣。心印經所謂默朝飛昇者。此也。金華即金丹。神明變化。各師於心。

呂祖께서는 다음과 같이 말씀하였다.

저절로 그러함을 진리 내지는 이치라고 한다.(自然曰道) 진리(道)는 이름도 없고 모습도 없이 하나의 본성일 뿐이요, 사람의 생명 활동을 주재主宰하는 하나의 으뜸 된 신(元神)일 뿐이다. 본성과 명命은 눈에 보이는 것이 아니고 하늘의 빛(天光)에 의지하여 있는데, 하늘의 빛도 눈에 보이지 않고 사람의 두 눈에 의지하여 있다.

옛날부터 선인仙人이나 진인眞人이라는 사람들이 입에서 입으로 서로 가르쳐 전하였는데, 하나를 가르쳐 전하면 하나를 체험을 통하여 얻곤 하였던 것이다. 가장 높은 스승이신 태상로군太上老君께서 세상에 몸을 나투신 뒤로 동화제군東華帝君이 전하여 받고, 다시 차례대로 여조에게 내려와서 다시 차례대로 전하여져서 남종南宗과 북종北宗이라는 두 큰 맥으로 이어졌다.

이에 이르러 사람의 태어나기 이전 상태를 온전히 보존하라고 가르치는 전진교全眞의 가르침이 극도로 큰 세력을 떨치게 되었다. 큰 세력을 떨친다는 것은 그 따르는 사람들이 많다는 것일 뿐, 오히려 그 마음에서 마음으로 남모르게 전해지던 가르침과 깨달음은 날로 희미해져서 오늘에 이르러서는 내면의 세계에 남은 것이라곤 없을 정도로 끊어졌다.

사람들은 분수를 모르고 잘난 체만 하는 풍조가 극도에 이르러 있다. 그러나 무엇이든지 극도에 다다르면 다시 되돌아가는 것이 이치인지라, 동진東晉 때의 허진군許眞君의 가르침을 따라서 맑고 밝음을 굳게 지키는 정명교淨明教가 자비로움을 베풀어 사람들을 널리 건지기 위하여, 문자만으로 가르치는 방법을 떠나서 마음에서 마음으로 전하여 주고자 하는 뜻을 특별히 세우고, 높은 소질을 타고난 사람들을 맞이하여 이끌어 주게 되었다.

이를 듣는 사람은 천겁이 지나도 만나기 어려운 기회를 만난 것이요, 이를 전하여 받는 사람은 누구나 모두 한때에 진리의 모임(法會)을 하는 것이다. 어느 경우이든지 허진군의 애쓰심을 우러러 보아야 할 것이다. 반드시 사회생활에서 사람으로서 지켜야 할 윤리를 잘 지키고, 일상생활을 함에 있어서 흔들림이 없이 굳게 서서 확실한 뿌리를 내린 훌륭한 사람이 된 뒤에야 태어나기 이전의 참다운 세계(眞)를 닦고 본성(性)을 깨달을 수 있는 것이다.

내가 지금 외람되게도 스스로 사람들을 건지는 스승이 되고자 하는 마음에서 먼저 태을금화종지太乙金華宗旨라는 말의 뜻을 밝혀 낸 뒤에 다시 자세하게 설명하고자 한다. 태을太乙이란 이보다 더 이상의 위는 없다는 말이다. 단丹을 가르치는 법들은 모두 유위有爲한 것들을 빌어서 무위無爲함에 이르고 있는 것들이지, 유위有爲을 단번에 뛰어넘고 무위無爲로 곧바로 들어가는 내용을 가지고 있지는 않다. 그러나 그 전하고 있는 종요로운 뜻은 본성을 닦고 불리는 일과 그 효과를 곧 바로 드러내 놓고 있어서 첫째가는 가르침에 속하고 둘째가는 가르침에 떨어지는 일이 없다. 그렇기 때문에 '묘하다(妙)'라고 한다.

금화金華란 말은 곧 빛을 말한다. 빛에는 색이 없으므로 황금 꽃(金華)으로 상징을 삼았는데, 그 꽃(金華)이라는 글자의 뜻 가운데에는 보통 사람들이 모르고 있는 하나의 빛이라는 뜻도 들어 있으니, 다름 아니라 "태어나기 이전부터 있었고, 위없는 참된 기氣라는 것이다. 입약경入藥經에 이르길 "내면의 세계에서 경험하는 물을 고향으로 하는 납은 그 맛이 한가지이다."라고 하였다.

"水鄕鉛 只一味"라고 말할 때의 납(鉛)이라는 것이 그것인데, 그 납이라는 것은 물을 상징하는 감괘坎卦의 두 음효陰爻 가운데에 있는 양효陽爻에 해당한다. 빛을 되돌려 비추는 일은 처음부터 끝까지 거스르는 법(逆法)을 써서 하늘의 중심(天心)에 초점을 맞추고 계속 쏟아 붓는 것이다.

☞

제 1장에서는 전진교全眞의 가르침이 극도로 큰 세력을 떨치게 된 탓으로 따르는 사람들은 많아졌을지언정 마음에서 마음으로 전해지던 깨달음은 날로 희미해져서 오늘에 이르러서는 내면의 세계에 남은 것이 없을 정도로 끊어졌다고 하였다. 그러므로 허진군의 가르침을 따라 맑고 밝음을 지키던 정명교가 중생들을 건지기 위해 마음에서 마음으로 전하고자 하는 뜻을 세우고, 이끌던 도리를 베풀고자 태을금화종지를 설하게 된 것이라 하였다.

먼저 태을太乙이란 이보다 더 이상의 위는 없다는 말이며,

종래에 가르치는 법들이 모두 유위를 통해 무위에 이르고자 하는 것들뿐이며, 유위를 단번에 뛰어넘어 무위로 곧바로 들어가는 내용은 없었다. 그러나 태을금화종지가 전하고 있는 종요로운 뜻은, 본성을 닦고 불리는 일과 그 효과를 곧 바로 드러내고 있어서 첫째가는 가르침에 속하기 때문에 '묘한 가르침'이라고 하였다.

금화金華란 말은 곧 빛을 말하며 황금 꽃으로 상징을 삼았다고 하였다. 황금 꽃의 빛이란 "태어나기 이전부터 있었던, 위없고 참된 기氣라는 것이다. 입약경入藥經에서 그 빛에 대해 이르길 "내면의 세계에서 경험하는 물을 고향으로 하는 납은 그 맛이 한가지이다."라고 하였다.

납은 물을 고향으로 한다고 하였는데 얼음이 물과는 성질은 다르지만 물을 근본으로 한다는 비유와 같은 것을 말하는 듯하다. 그러므로 마음은 황금의 빛을 고향으로 하며 다를 바 없다는 것이다. 즉 마음이 부처이고 부처가 마음이라는 의미일 것이다. 따라서 마음을 떠나서는 부처를 이룰 수 없고 부처를 떠난 마음이란 있을 수 없는 것이다.

모든 일승의 경전들은 하나같이 이러한 말들을 전하고 있지만 정작 우리는 마음을 지니고 있지 않은 사람은 하나도 없음에도 부처를 이루지 못하고 있다. 그렇기에 부처를 이루고자 마음을 항복받기 위해 마음과 투쟁하면서 무수한 삶을 전전하고 있지만 부처를 이룬다는 것이 결코 쉽지만은 않은 일이라 할 수 있다. 도교의 중심 사상인 태을금화종지가 전하는 깊은 뜻을 찬찬히 살펴보기로 한다.

우선 인간은 아주 오래 전부터 명상을 개발하였다. 고요하고 적막한 가운데 마음이 완전히 가라앉게 되면 텅 빈 침묵의 깊은 나락에 빠져들면 일순간에 모든 것이 사라진 경험을 하게 된다. 그 경험은 단지 순간에 그치는 것이 아니라 올가즘을 느끼게 된다. 성행위를 통해서만 얻을 수 있었던 희열을 명상 중에도 느낄 수 있는 것이다.

이러한 현상은 단지 명상을 통해서만 나타나는 것이 아니라 달리기를 하거나 운동을 하면서도 경험할 수 있는데, 그러한 경험을 하게 된 사람은 이제 다른 것은 의미를 잃어버린다. 그러므로 명상 중에 희열을 통해 인간은 마음이 가라앉게 되면 나타나는 현상이 나머지 삶을 좌우하게 된다. 그것은 하룻밤 꿈에 불과한 경험이 아니다. 그것을 경험하기 전과 후가 확연한 차이를 드러내기 때문에 거듭 새롭게 태어난다고 해도 과언은 아닐 것이다.

그것은 태초부터 존재하던 빛이며 그 빛에 의해 자신의 몸이 빨려 들어가고 언제 어디서든 늘 그 빛과 함께 존재하게 된다. 만일 인간이 이런 상태를 경험하지 못했다면 명상이나 종교적 가르침은 별 의미가 없었을 것이며 가슴에 닿을 수도 없었을 것이다. 마치 죽음이 있기 때문에 꿈이 꿈으로만 끝날 수 없었다. 꿈을 깨고 나면 꿈속의 일이란 헛된 망상이며 허망한 일에 불과한 것처럼 삶도 죽음이 있기 때문에 삶으로만 끝날 수 없는 것이다.

혹시 우리가 살고 있는 현실이 꿈을 꾸고 있는 것은 아닌지 인간은 생각하게 된다. 무엇 하나 삶에서 매달려 보아도 마음은 이내 식상함을 느끼고 새로운 것을 찾아 두리번거리기 때문이다. 그런데 명상의 희열을 맛본 사람들은 자신과 달리 마음의 동요를 전혀 겪지 않음을 발견하였고, 자신도 그들과 같은 마음 상태를 이루고자 염원하게 된다.

그런데 자신이 생각하는 대로 마음을 정복하여 가라앉은 마음을 이루고자 해도, 마음만으로는 그것이 불가능한 일임을 깨닫게 된다. 그렇다면 어떻게 그들의 말씀을 받아들여야 우리도 그 상태로 근접할 수 있는지를 발견해야 한다.

무엇이 문제이기에 내 마음이면서도 내 마음대로 할 수 없는 묘한 마음을 지니고 사는 것인가, '태을종지'에서는 마음을 빛으로 표현하고 있으며 원신으로 말하고 있다. 그리고 그것이 위치한 곳에 대해 말하고 있다.

☯ ☯

하늘의 중심은 해와 달의 가운데에 있는데, 황정경黃庭經에서는 "한 면의 길이가 한 자 정도 되는 집 가운데의 사방한 치 정도 되는 편편한 곳이 힘차게 살아나오고 있는 참된기(眞氣)를 다스릴 수 있다."고 말하고 있다. 한 면의 길이가한 자 정도 되는 집이란 얼굴을 말하는 것이니, 얼굴 위에있고 사방이 한 치 정도 되는 편편한 곳이란 바로 하늘의중심(天心)이 아니고 어디이겠는가,

사방 한 치 정도 되는 가운데에는 약초들이 빽빽하게 널려 자라고 있어서 사람의 발자취가 닿지 않았음을 알 수 있는 평탄한 공간이 높다랗게 걸려 있는 아름다운 광경이라든가, 옥황상제께서 사시는 하늘나라 서울에 세워진 단청 입힌궁궐이 보기에도 기묘한 모습 같은 것이 갖추어져 있는데,나아가서 지극히 텅 비고 지극히 신령한 신(神)이 끊임없이모여들고 있다.

유가에서는 허중虛中이라 하고, 불가에서는 영대靈臺라하고, 도가에서는 조토祖土. 황정黃庭. 현관玄關. 선천규先天竅.라고 한다. 어떻든 하늘의 중심은 마치 사람이 사는 집과 같은 곳으로 비유하면, 빛이 그곳의 주인어른이다. 그러므로빛이 한번 그곳으로 되돌아 비치게 되면, 온몸에 두루 퍼져있고 태어나기 이전부터 있던 기氣가 모두 위로 올라오게

된다.

이는 마치 성인이 임금으로 되어서 서울을 정하고 지극한 법칙을 세우면, 그를 따르기 위하여 보물과 비단을 들고 조공을 바치는 나라가 수없이 많게 되는 것과 같고, 한 집의 주인이 깔끔하고 밝으면 그에 따른 사람들이 저절로 시키는 일을 잘 받들고 맡은 일을 잘 처리하는 것과도 같은 것이다.

모든 사람들은 그저 빛을 돌리는 일(回光)만을 하면 될 뿐이니 이것이 위없이 묘한 비결이다. 빛이라는 것은 쉽게 움직이는 것이어서 한곳에 머물러 있도록 하기가 어려운데, 이것을 되돌려 비추어 오랜 기간이 지나면 이 빛이 모여서 엉기게 된다. 이 빛이 엉겨 모인 것은 곧 저절로 그러하고(自然) 진리 자체로 된 몸(法身)이라는 것이며, 아홉 하늘(九天) 위에 신(神)이 엉겨 모이게 된 것이다.

심인경心印經에서 이른바, "뜻을 고요히 하여 하늘님이 있는 곳을 지키노라면, 진리의 태아(道胎)가 그곳으로 날아올라 가게 된다."는 것이다. 그 종요로운 뜻을 행하여 가기 위해서는 힘들여 찾거나 한발 한발 밀어 올리는 방법이 따로 있는 것이 아니고, 그저 잡됨이 없이 하늘님이 있는 이곳(上丹田미간,정수리)에다가 생각을 못 박아 두면 될 뿐이다.

☞

황금의 빛이란 내 몸 바깥에 있는 것이 아니니 집에 비유하면 가장 어르신이라는 것이다. 또한 약초가 빽빽하다는 것은 눈썹 풀을 의미하는 것이 아닌가 싶다. 물론 다른 숨겨진 의미가 있는지도 모르지만 여기서 가리키고 있는 곳은 눈썹의 중간이며 양 미간을 말한다. 인도에서는 오래 전부터 이곳을 제 3의 눈이라 하여 지금도 이곳에 연지를 찍고 다닌다. 아마도 제 3의 눈이 열려 깨달음을 얻고자 하는 염원을 표현한 것이리라.

제 3의 눈이 열리면 정수리 두정에 위치한 숨골에서 꽃이 피는데 그것을 인간의 궁극적인 완성이라고 표현한다. 삼천 년 만에 한번 씩 피어난다는 우담바라는 세속적인 의미의 꽃이 아니라 정수리 두정의 숨골에서 꽃이 피는 것을 상징화한 것으로 여겨진다.

제 3의 눈으로 한 번 빛이 되돌아 비치면 태어나기 이전부터 있던 기氣가 모두 위로 올라오게 된다고 하였다. 그것은 마치 성인이 임금이 되면 수많은 곳에서 온갖 보물과 비단을 들고 그를 따르기 위해 모여드는 것과 같다.

이제 모든 사람들은 그저 빛을 돌리는 일(回光)만을 하면 될 뿐이니 이것이 위없이 묘한 비결이라고 하였다. 이곳을 되돌려 비추기를 오랜 기간이 지나면 이 빛이 모여서 엉기게 되는 것은 저절로 그렇게 된다는 것이다. 어떤 노력의 결과가 아니라는 의미이며, 다만 황금의 빛이 상단전에 자리잡는 것도 또한 저절로 그렇게 되면서 부터일 것이다.

그래서인지 몰라도 불교 경전에는 황금빛이 머무는 위치라든가 인도에서 논하는 일곱 챠크라에 대해서도 별다른 언급이 없다. 다만 능엄경에서는 출태도라 하여 인간이 궁극적 완성에 이르는 길에는 정수리 두정을 뚫고 숨골이 열린다고 하였다. 그것을 관정이라 하여 임금이 태자에게 정수리에 물을 부어줌으로써 태자의 지위를 인정하는 의식을 치루는 것과 같다고 하였다.

여인이 출산을 하는 것에 대해서 언제 어떻게 되는 과정을 일일이 알 필요는 없을 것이다. 자신이 행하지 않아도 몸이 알아서 때를 맞춰 자연스럽게 출산이 가능한 때문이다. 그렇기에 황금의 빛이 거주하고 움직이는 것들은 스스로 운행하기 때문에 불교 경전은 거기에 초점을 맞출 필요가 없었을 것이다.

다만 그것이 스스로 움직이도록 방해하는 요소만 제거하면 될 뿐이다. 그러나 중국의 도교는 그것에 대해 상세히 표현하고 있는 것은 그것의 확실한 존재를 알림으로써 사람들이 그것에 접근할 수 있는 구도심을 일으킬 수 있을 것이다. 막연히 뜬 구름을 잡는 것이 아니라 세상은 허망하지만 황금의 빛은 허망하지 않은 실체로서의 존재임을 부각시키려는 뜻도 있을 것이다.

그러나 이 빛이 엉겨 모인 것은 곧 저절로 그러할 뿐이며 진리 자체로 된 법신이라는 것이며, 아홉 하늘(九天) 위에 신(神)이 엉겨 모인 것이라 하였다. 그것은 단지 "뜻을 고요히 하여 하늘님이 있는 곳을 지키노라면, 진리의 태아가 그곳으로 날아올라 가게 된다."는 것이다.

우리가 그것을 이루기 위해 힘들여 찾거나 한발 한발 밀어 올리는 방법이 따로 있는 것이 아니고, 그저 잡됨이 없이 하늘님이 있는 이곳(上丹田미간,정수리)에다가 생각을 못 박아 두면 될 뿐이라고 하였다. 우리가 할 일은 단지 그뿐이지만 이 일은 한 생에 걸쳐 끝나는 일은 아니다. 우리가 이런 글을 접하고 관심을 갖는다는 것은 과거생에도 꾸준히 그 길을 걸어왔기에 가능할 것이다.

이제 우리가 할 일은 유위적인 노력을 통해 지금껏 그 길을 걸어왔다면 지금부터는 무위를 통해 결실이 이루어져야 한다. 만일 황금빛을 얻고 구하기 위해 힘들여 찾으려 하거나 한 발 한 발 밀어 올리면서 그곳을 향하고자 하면 언제까지나 제자리를 맴돌 뿐이다. 나라는 아상이 황금의 빛을 손아귀에 쥐려고 하는 까닭이다.

사실 황금의 빛은 잠시도 우리를 떠난 적 없고 우리도 역시 황금의 빛과 늘 함께 하면서도 그것의 존재를 감 잡을 수 없었던 것은 황금의 빛이 나와 내 것이라는 아상으로 모습을 바꿔 나타난 때문이다. 그러한 아상을 내 마음이라고 여기면서 또 다시 참마음을 찾아 이곳저곳을 두리번거린다면 머리 위에 또 머리를 얹고 다니는 사람처럼 어리석을 뿐이다.

태을종지는 말하고 있다. 다만 뜻을 고요히 하여 하늘님이 있는 곳을 잃어버리지 않고 지키기만 하면, 진리의 태아가 그곳으로 날아올라가게 된다고 하였다. 그렇다면 뜻을 고요히 하는 것과 하늘님이 있는 곳을 잃어버리지 않고 지킨다는 것은 어떤 차이가 있는가를 살펴야 한다. 잃어버리지 않고 지켜야겠다는 것도 또한 뜻을 지닌 것이기 때문이다.

그러나 그 둘이 같다고 생각하는 것은 우리가 마음에 대해 잘못 알기 때문이다. 가령 꼴도 보기 싫은 사람이 나타나면 눈을 감거나 자리를 피해야 한다. 눈에 비추임은 우리의 의지로 동작되는 것이 아닌 까닭이다. 그러나 자리를 피하거나 눈을 감는 것은 의지로써 동작이 가능하다.

뜻을 고요히 하는 것은 의지로써 동작이 가능하다. 들뜨고 산만한 마음을 가라앉히기 위해서는 몸의 활동을 자제하면서 생각을 한 곳에 집중하면 마음은 가라앉을 수 있다. 마음이 완전히 가라앉아 고요해진 상태라는 것은 마음이 사라졌다는 의미도 된다. 이처럼 마음은 생겨날 수도 있고 소멸될 수도 있다.

그렇다면 마음이 멸하여 고요하고 적막함을 아는 그것은 마음이 아는 것은 아니다. 마음은 이미 멸하여 사라졌기 때문이다. 우리는 어떤 마음을 먹고 상대방을 대하고 있는지 낱낱이 알고 있다. 만일 마음 외에 다른 존재가 없다면 상대방을 대하는 마음 외에는 없을 것이므로 그것을 다시 알아차릴 수는 없다. 그러나 그렇지 않다.

우리가 어떤 생각을 하든 어떤 마음을 먹고 있는지를 늘 깨어있는 상태로 알아차리는 마음이 존재한다. 그 마음은 우리의 의지와는 전혀 관계가 없이 동작하고 있다. 심지어 깊은 잠에 빠져 의식이 사라졌어도 다음날 일어날 수 있는 것은 알아차리는 그 마음이 의식을 깨우기에 가능하다.

이와 같이 우리는 늘 지켜보는 마음과 항상 같이 하면서도 그 마음을 의식하지 못하므로 마음과 싸워 이겨야만 본성을 얻고 구한다고 생각하고 있다. 그러나 허공 밖을 한 번도 나간 적 없는 사람이 허공을 찾겠다고 여기저기를 돌아다니면 결국 그는 허공이 무언지를 알지 못하고 그 때문에 허공을 찾을 수도 없다.

이와 마찬가지로 하늘님이 있는 곳을 잃어버리지 않고 지킨다는 것은 우리가 뜻을 지니는 것과는 다르다. 그것은 우리의 의지와는 관계없이 존재하기 때문이다. 다만 우리가 뜻을 일으키며 들뜨고 산만한 마음으로 살았기에, 늘 그것과 함께 하며 언제나 황금의 빛은 하늘님이 있는 곳을 잃어버린 적도 없고 지키지 않은 적도 없었다는 것을 알지 못했을 뿐이다. 그래서 뜻을 고요히 하면 그것을 알아차리게 된다. 마치 맑은 하늘은 언제나 그대로지만 구름에 가려 그것을 보지 못했다.

🪔 🪔

능엄경은 중생들이 본래 마음을 잃고 헤매므로 일곱 세계에 윤회하게 되는 이치(七趣)를 설명하는 곳에서 "잡된 것이 섞이지 않고 오직 그것만이 있는 순수한 생각은 그 자체로서 날아다니는 능력이 있으니, 반드시 하늘 위에 나게 된다."고 말하였다.

이곳에서 말하는 하늘이란, 공기로 이루어진 푸르고 푸른 바깥 세계의 하늘이 아니고, "진리의 몸을 선천팔괘방위先天

八卦方位 가운데 건괘乾卦에 해당하는 궁궐에 태어나게 한다."라고 말할 때의 그 건괘에 해당하는 궁궐이다. 이 상태를 오래도록 지켜 나가면, 저절로 피와 살로 이루어진 몸 바깥에 또다시 어떤 몸이 있게 되는 경지가 이루어진다.

황금꽃(金華)은 다름 아니라 금단金丹이다. 신의 밝음(神明)이 변하여 이루어진 것인데, 여러 스승들이 누구나 마음에서 마음으로 전하여 가르친 것이다. 그 가운데에 들어 있는 묘한 방법의 가르침은 비록 털끝만큼도 어기지 않는다고 할지라도 정확하게 이해하기가 어려운데, 마치 힘찬 미꾸라지가 손아귀를 빠져나가듯 한다.

처음부터 끝까지 총명해야 하고, 또한 반드시 깊이 가라앉아서 변화와 움직임을 여의고 조용해야 한다. 아주 총명한 사람이 아니면, 이 가르침을 행하여도 얻지를 못하고, 아주 깊이 가라앉아서 변화와 움직임을 여의고, 조용하지 아니한 사람은 이 가르침대로 지킨다고 하여도 얻지를 못한다.

☞

능엄경에서 "잡된 것이 섞이지 않고 오직 그것만이 있는 순수한 생각은 그 자체로서 날아다니는 능력이 있으니, 반드시 하늘 위에 나게 된다."고 말하였다. 붓다는 이르길 보고 들음에 앎이 있으면 그것이 번뇌이고, 보고 들음에 앎이 없으면 그것이 해탈이라고 하였다. 왜냐하면 보고 들은 것에 얽매어 집착심을 내기 때문인데 그래서 보고 들은 생각에 집착하는 것을 악마의 갈고리에 걸렸다고 하는 것이다.

그런 까닭에 잡된 것이 섞이지 않고 순수한 생각이란 보고 들음에 대해 과거를 비교하면서 좋고 나쁨을 분간하는 의도가 없다는 의미일 것이다. 우리가 고통의 늪에서 벗어나지 못하는 것은 좋은 것은 취하려 하고 나쁜 것은 떨쳐 내려는 의도를 행하기 때문이다. 그렇기에 하고자 하는 바를 얻으면 성취감을 느끼고 얻지 못하면 좌절감을 느끼므로 성취와 좌절을 오르내리는 그것이 고통인 까닭이다.

여조께서는 팔괘를 통해 세상의 이치를 설명하고 있는데 팔괘란 건곤감이 건(乾:☰)·곤(坤:☷)·감(坎:☵)·이(離:☲)·진(震:☳)·태(兌:☱)·손(巽:☴)·간(艮:☶)을 말한다. 괘(卦)는 걸어 놓는다는 뜻으로 천지만물의 형상을 걸어 놓아 사람에게 보인다는 뜻이며, 그 구성은 음효(陰爻:- -)와 양효(陽爻:—)를 1대 2, 또는 2대 1 등의 비율로 셋이 되게 짝지어 이루어진다. 팔괘는 오천 여년 전에 중국 최고의 제왕 복희씨(伏羲)가 천문지리를 관찰해서 만들었다고 하며, 뒤에 이 괘를 육십사괘(六十四卦)로 만들어 이로써 사람의 길흉·화복을 점치게 되었다.

그러나 일승법을 논함에 있어서는 어떤 견해라도 들어서면 그것이 무명인 바, 여조께서 논하는 팔괘에 대해서는 염두에 두지 않는 것이 좋을 듯하다. 본성이란 텅 빔과 공함으로 이루어졌기에 세상 만물도 역시 텅 빔과 공함을 벗어나지 못한다. 그러한 텅 빔에 대하여 무엇을 얻고 구할 수 있겠으며, 그곳을 향해 간다 해도 텅 빔의 어디를 향해 갈 수 있겠는가,

더구나 텅 빔을 헤아려 견해를 지녀 본들 아무 짝에도 쓸모없으므로 무아를 배우고 통달해야 하는 것이다. 아무리 텅 빔과 공함을 이야기해도 우리들 마음이란 텅 빔과 공함을 인식하려는 습성으로 길들여져 있기 때문이다. 그래서 하늘이나 허공이라 말하면 머리를 들고 하늘을 바라보고 싶어 한다. 머리도 허공이고 들고 보려는 그것도 허공인 줄 모르기 때문이다.

그와 같아서 실제로 일승법에는 언어로 견해 지음이 필요치 않으나, 아직 무아의 공부를 터득하지 못한 탓으로 부득불 언어로써 언어가 거추장이라는 사실을 이해할 수 있도록 해야 한다. 여조사는 이르길, 진리의 몸이란 땅을 의미하는 건괘乾卦에 해당하는 궁궐이라 하였다.

그리고 '이 상태를 오래도록 지켜 나가면' 이라 했는데,

즉 잡된 것이 섞이지 않고 순수한 생각을 지킨다는 것은 비교와 의도를 내려놓고 내면의 상태를 끊임없이 지켜봄을 행한다는 의미일 것이다. 그렇게 오래도록 지켜 나가면 저절로 피와 살로 이루어진 몸 바깥에 또다시 어떤 몸이 있게 되는 경지가 이루어진다는 것이다.

만일 우리가 육신의 몸만으로 존재한다면 구태여 들숨과 날 숨을 행하지 않아도 살아 있어야 한다. 그러나 육신을 살아있도록 하기 위해서는 밤낮으로 쉼 없이 숨을 쉬어야 한다. 호흡을 5분 동안만 하지 못하면 육신은 사대로 뿔뿔이 흩어져 버린다. 그와 같아서 육신의 몸이란 단지 아바타처럼 존재하는 허상이기도 하다. 그것을 여조께서는 몸 바깥에 어떤 몸이 존재하기 때문이라고 하였다. 아마도 우리의 참 몸은 그것이라 할 수 있을 것이다.

그 몸은 생멸 변화를 보이지 않으므로 육신의 몸을 만들어 낼 수 있는 까닭이다. 언제든 한결같이 늘 그대로 존재하는 것이라면 그것을 참나라고 할 수 있으나, 매순간 생멸 변화를 일으키면서 생성과 소멸을 반복하는 것은 꿈속의 거짓된 나일뿐이다. 그러한 몸을 알기 위해 일승법이 설해지는 것이며 그 몸이란 신의 밝음(神明)이 변하여 이루어진 것이라 하였다.

여조께서 신(神)이라 함은 설화에 등장하는 신의 개념이 아니라 정신을 의미한다. 우리들 마음에는 육신의 마음과 정신의 마음이 존재한다. 그것을 혼백이라고도 하며 얼과 넋이라고도 한다. 우리가 일상적으로 사용하는 마음은 생멸심이며 육신의 감각 기관들이 경험한 정보를 통해 이루어졌다. 그렇기에 눈앞에 사물이 보이면 갖고 싶은 욕구를 일으키거나 싫은 소리를 듣게 되면 반항심이 생겨나는데, 이와 같이 마음에는 하고자 하는 뜻이 달라붙어 있다.

그것을 육신의 마음이라 하지만 그 마음은 우리가 성장하고 교육받으면서 생겨난 것이다. 따라서 갓난아기 때에는 본능만이 존재하며 육신의 마음 없이 지내다가 차츰 하고자 하는 의도를 지닌 마음이 생겨나는 것이다.

반면에 정신의 마음이란 얻고 구해서 얻어지는 것이 아니라 늘 그대로 변함없이 존재하는 부동의 마음이다. 그 마음이 존재하기에 갓 태어난 아기도 본능이 있고 모든 생명체에게는 그 마음이 존재하기에 생존할 수 있다. 소나 노루, 양들의 초식동물은 항상 맹수의 위협을 경계해야 하므로 새끼를 낳게 되면 몇 시간 되지 않아 새끼가 스스로 걸을 수 있다.

만일 오랜 시간 동안 새끼를 돌봐야 한다면 맹수의 위협으로부터 자신을 방어할 수 없을 것이다. 새끼가 어미의 태를 벗어나면서부터 본능의 마음이 존재하기에 스스로 걷기 위해 몸을 추스르기 시작한다. 이러한 것이 모두 본능의 마음에 의해 작용되는 것이다.

이와 같이 본능의 마음이 존재하기에 육신의 마음도 들어설 수 있으니 마음에는 크게 두 종류로 나눌 수 있다. 정신의 마음과 육신의 마음이 그것이고 혼백(魂魄)이라 할 때의 혼은 정신이고 백은 육신의 마음이다. 또한 얼과 넋이라고도 하는데 얼은 정신이며 혼이고 넋은 생멸심이며 백에 해당된다 할 것이다.

육신의 마음이라 하면서 정신의 마음이라고 할 필요가 없는 것은 정신이 그대로 마음인 까닭이다. 그 마음은 무언가를 의지해 존재하는 것이 아니므로 그 자체로써 이루어져 있다. 그러나 육신의 마음은 무언가를 의지하고 반연되어야만 나타난다. 가령 등허리에 의자 등받이가 닿으면 그것을 알 수 있다. 그것이 육신의 마음이다. 피부에 촉감 되는 느낌을 통해 무언가 닿이고 있음을 안다.

그러나 닿이고 있음을 안다는 것은 닿임이 없음도 안다는 것이다. 무언가 닿이고 있지 않음을 알지 못하면 닿임도 알 수 없다. 우리가 소리 나는 쪽으로 머리를 돌리는 것은 소리 없는 쪽도 듣고 있기에 가능한 것이다. 이처럼 우리는 정신이 늘 깨어 있는 상태이므로 육신의 마음을 동작시킬 수 있다. 만일 정신이 없다면 건전지가 없는 후라쉬처럼 켜고 끌 수가 없듯이 사물이 눈앞에 있고 소리가 들려도 전혀 그것에 대한 반응을 나타내지 못한다. 즉 정신은 생명과도 닿아 있다.

이러한 정신의 마음을 여러 스승들이 마음에서 마음으로 전하여 가르친 것이라고 하였으며 태을금화종지도 그와 같다. 그 가운데에 들어 있는 묘한 방법의 가르침은 비록 털끝만큼도 어기지 않는다고 할지라도 정확하게 이해하기가 어려운데, 마치 힘찬 미꾸라지가 손아귀를 빠져나가듯 한다고 하였다.

진리나 도나 본성, 금단의 열매와 황금의 빛이라 일컫는 것은 모두 정신을 가리키는 것이다. 그런데 가리키는 그것도 사실은 생명으로 행해지는 바이며, 정신으로 나타나고 있음을 알지 못하면 손에 쥐기 무섭게 빠져나가는 미꾸라지처럼 우리가 알려는 그것은 거기에 없다.

여조사는 이르길, 그 마음의 본질을 알고자 한다면 처음부터 끝까지 총명해야 하고, 또한 반드시 깊이 가라앉아서 변화와 움직임을 여의고 조용해야 한다. 아주 총명한 사람이 아니면, 이 가르침을 행하여도 얻지를 못하고, 아주 깊이 가라앉아서 변화와 움직임을 여의고, 조용하지 아니한 사람은 이 가르침대로 지킨다고 하여도 얻지를 못한다고 하였다. 무엇 때문인가, 그 마음에 대해 알려는 견해를 짓거나 거기에 도달하고자 발 한 짝만 움직여도 행하는 바가 있다면 이미 빗나간 것이다.

제 2장 으뜸 되는 신과 의식의 신

元神識神第二

呂祖曰。天地視人如蜉蝣。大道視天地亦泡影。惟元神真性則超元會而上之。其精氣則隨天地而敗壞矣。然有元神在。即無極也。生天生地皆由此矣。學人但能護元神。則超生在陰陽外。不在三界中。此見性方可。所謂本來面目是也。最妙者。光已凝結為法身。漸漸靈通欲動矣。此千古不傳之秘也。識心。如強藩悍將。遙執紀綱。久之太阿倒置矣。今凝守元宮。回光返照。如英主在上。大臣輔弼。內政既肅。自然強悍懾伏矣。丹道。以精水神火意土三者。為無上之訣。精水云何。乃先天真一之炁。神火即光也。意土即中宮天心也。以神火為用。意土為體。精水為基。凡人以意生身。身不止七尺者為身也。蓋身中有魄焉。魄附識而用。識依魄而生。魄陰也。識之體也。識不斷。則生生世世。魄之變形易質無已也。惟有魂。神之所藏也。魂晝寓于目。夜舍于肝。寓目而視。舍肝而夢。夢者神遊也。九天九地。剎那歷遍。覺則冥冥焉。淵淵焉。拘于形也。即拘於魄也。故回光所以煉魂。即所以保神。即所以制魄。即所以斷識。古人出世法。煉盡陰滓。以返純乾。不過消魄全魂耳。回光者。消陰制魄之訣也。無返乾之功，止有回光之訣。光即乾也。回之即返之也。只守此法。自然精水充足。神火發生。意土凝定。而聖胎可結矣。蜣蜋轉丸。而丸中生白。神注之純功也。糞丸中尚可生胎離殼。而吾天心休息處。注神於此。安得不生身乎。一靈真性。既落乾宮。便分魂魄。魂在天心。陽也。輕清之氣也。此自太虛得來。與元始同形。魄陰也。沉濁之炁也。附於有形之凡心。魂好生。魄望死。一切好色動氣皆魄之所為。即識也。死後享血食。活則大苦。陰返陰也。以類聚也。學人鍊盡陰魄。即為純陽。

呂祖께서는 다음과 같이 말씀하였다.

하늘과 땅은 사람을 하루살이같이 보고, 큰 진리는 하늘과 땅도 물거품같이 본다. 오직 생명 활동을 주재主宰하는 으뜸 된 신(元神)만이 태어나기 전부터 있는 참된 본성(眞性)으로서 시간과 공간을 뛰어넘고 그 위에 있다. 그 정精이나 기氣라는 것은 하늘이나 땅을 따라서 썩거나 허물어지게 되어 있는 것이지만, 생명 활동을 주재하는 으뜸 된 신이 그에 머물러 있게 되면 곧 무극無極이 이루어진다.

하늘을 생기게 하거나 땅을 생기게 하는 것도 모두 이 이치에 말미암는다. 배우는 사람이 다만 이 으뜸 된 신만을 감싸서 지킬 수 있으면, 음과 양이 변화하는 굴레를 뛰어넘어서 그 바깥에 태어날 수 있으며, 더 이상 길을 잃고 욕계·색계·무색계라는 굴레 속을 윤회하지 않아도 된다.

이것이 곧 선禪을 하는 사람들이 몽둥이로 때리거나 크게 외마디 소리를 지르면서 가르침을 전할 때에 흔히 쓰는 "본성을 보아야지.." 라는 가르침이다. 이른바 "태어나기 이전부터 있는 본래의 모습(本來面目)"이라는 것이다.

보통 사람이 어머니의 태에서 태어날 때 그 생명 활동을 주재하는 으뜸 된 신은 사방 한 치 되는 곳(方寸심장,마음)에 머물러 살게 되고, 의식의 신(識神)은 그 아래에 있는 심장에 살게 된다. 아래에 있고 피와 살로 된 심장은 모양이 마치 큰 복숭아 같은데, 허파가 그것을 덮어서 감싸고 있고,

간이 옆에서 돕고 있으며, 큰창자 작은창자가 밑에서 떠받치고 있다.

만일 사람이 하루 동안 밥을 먹지 않으면 심장에 아주 큰 지장을 초래하게 된다. 놀라운 말을 들으면 심장이 펄떡펄떡 뛰고, 화나는 일을 들으면 심장이 괴롭고 답답하며, 사망을 보면 슬퍼지고 아름다움을 보면 눈길을 빼앗긴다. 그러나 머리 위에 있고 하늘의 중심인 사방 한 치 되는 곳에야 어찌 아주 미미한 흔들림이라도 있었겠는가,

그렇다면 하늘의 중심인 사방 한 치 되는 곳은 절대적으로 움직일 줄 모르는 곳이란 말인가, 다시 말하자면 사방 한 치 되는 곳 가운데에 있고, 태어나기 전부터 있는 참된 뜻(眞意)이 어떻게 움직일 수가 있겠느냐 말하리라, 그것이 움직일 때에는 별달리 묘한 일이란 없지만 별달리 묘한 일이 없는 그것이 또한 가장 묘한 일이기도 하다.

보통 사람이 죽을 때에도 이것이 움직이게 되는데 그것은 정말 별일이 아니다. 가장 묘하다는 것은 빛이 이미 모여서 엉겨지고 뭉쳐져서 되고, 진리 그 자체인 몸(法身)이 차츰차츰 신령스럽게 통하면서 움직이려고 하는 것이다. 위에 말한 것은 모두가 지금까지, 몇 천 년이 지나도록 가르쳐 전하여 주지 않았던 비밀이다.

아래에 있는 의식의 신이 마치 변방에 있고 세력이 강한 제후의 나라의 사나운 장군과 같아져서 귀, 눈, 입, 코, 피부 같은 감각 기관을 주재하고 있는 임금에 해당하는 심장(天君)을 속이고 그를 외롭게 몰아세워 두고는 멀리 떨어져서, 한 몸의 법도를 잡고 있기를 오래 계속하게 되면 마침내 보검의 칼끝이 거꾸로 임금에게로 향하는 반역이 일어나게 된다.

☞

하늘과 땅은 사람을 하루살이같이 보고, 큰 진리는 하늘과 땅도 물거품같이 본다. 오직 생명 활동을 주재하는 으뜸 된 신(元神)만이 태어나기 전부터 있는 참된 본성(眞性)으로서 시간과 공간을 뛰어넘고 그 위에 있다고 하였다.

태어나기 전부터 존재한다는 것은 생멸 변화를 일으키지 않는다는 의미이기도 하다. 그렇기에 우리가 육신을 받거나 혹은 육신이 없는 상태라 해도 우리들 본래면목은 늘 그대로이다. 마치 스크린에 영상이 스쳐 가듯 육신의 변화가 일어나지만 그것은 실제로 우리의 참된 몸이라고 할 수는 없다.

참되다는 것은 언제나 늘 그대로인 상태로 존재해야 한다. 그러나 매순간 모양이 달라지고 변화를 거듭하는 구름과 같다면 그것을 참된 것이라 말할 수는 없다. 그것은 끝없이 흘러가기 때문이다. 우리들 육신도 그처럼 쉼 없이 흘러간다. 이와 같이 매순간 흘러간다는 것은 텅 빈 스크린처럼 존재하는 영원불멸의 존재가 바탕하고 있다는 의미와 같다.

여조사는 이르길, 육신도 마음도 세월이 지나면서 썩고 허물어지지만 생명 활동을 주재하는 원신이 거기에 머물게 되면 곧 무극無極이 이루어진다고 하였다. 또한 그로 말미암아 하늘과 땅이 생겨난 이치라고 한다. 무극이란 다함이 없는 경지이며 하늘과 땅이 생겨날 수 있다는 것이다.

만일 순수한 허공만 있다면 하늘과 땅이란 개념은 들어서지 못한다. 하늘이라 불러 줄 사람도 없고 이름 붙일 무언가도 없는 까닭이다. 그런데 우주는 빅뱅이라는 현상을 통해 별들이 생겨났다고 한다. 마치 티끌과 같은 것들이 폭발하면서 점점 더 크게 융합된 것이다. 그것은 아무리 순수한 허공이라 할지라도 거기에는 지수화풍의 사대가 여래장으로 늘 존재하기 때문에 어떤 식으로라도 변화가 생겨나게 된다.

티끌이 뭉쳐 땅을 이루고 별이 되면서 온갖 산하대지가 이루어지고 국토가 생겨나게 된다. 그러한 현상은 언제든 끊임없이 소멸되었다가도 또 일어날 것이다. 그것이 우주의 모습이기도 하고 인간의 모습이기도 하다.

생성과 소멸을 통해 존재하는 육신은 변화를 거듭하지만 거기에 붙들리지 않고 본성을 배우는 사람이라면 다만 이 으뜸 된 신만을 감싸서 지킬 수 있으면, 음과 양이 변화하는 굴레를 뛰어넘고, 더 이상 길을 잃고 욕계·색계·무색계라는 굴레 속을 윤회하지 않아도 된다고 하였다.

하늘을 생기게 하거나 땅을 생기게 하는 것도 모두 이 이치에 말미암는다. 배우는 사람이 다만 이 으뜸 된 신만을 감싸서 지킬 수 있으면, 음과 양이 변화하는 굴레를 뛰어넘어서 그 바깥에 태어날 수 있으며, 더 이상 길을 잃고 욕계·색계·무색계라는 굴레 속을 윤회하지 않아도 된다고 하였다. 그러므로 옛 선사들은 본래 면목을 알도록 하기 위해 몽둥이찜질을 하거나 크게 외마디 소리를 지르면서 가르침을 전했다는 것이다.

생명 활동을 주재하는 으뜸 되는 원신은 사방 한 치 되는 방촌에 거한다고 하였다. 그러나 원신이라면 하늘과 땅도 생겨나게 하였는데 거주하는 곳이 따로 있진 않겠지만 인간의 육신을 통해 살피면 양 미간의 제 3의 눈이며, 아즈나 차크라라 불리는 곳에 머문다고 한다.

그리고 의식의 신은 육신의 마음이라 불리는 생멸심은 그 아래 심장에 거한다고 하였다. 그런 까닭에 놀라거나 화가 나면 심장이 벌떡벌떡 뛰고, 친한 사람이 사망하면 가슴이 미어지듯 아파 오는 것이다. 이처럼 좋고 나쁜 경계에 의식의 신은 반응하지만, 원신이 머무는 곳 즉, 머리 위에 있고 하늘의 중심인 사방 한 치 되는 곳에야 어찌 아주 미미한 흔들림이라도 있겠는가, 라고 하였다.

실제로도 기쁨과 슬픔을 느낄 때 가슴이 터져 나갈 것 같아도 제 3의 눈에서는 그와 같은 반응을 감지할 수 없다. 그것은 어떤 경계일지라도 초연한 상태로 존재하는 까닭일 것이다. 만일 좋고 나쁜 경계에 반응한다면 우리는 원신의 존재를 쉽게 감 잡을 수 있다. 그러나 좋고 나쁜 경계에 반응한다는 것은 경계에 물든다는 것이며, 물드는 것은 생멸 변화가 일어나므로 태어나기 전부터 존재할 수는 없을 것이다.

사방 한 치 되는 곳 가운데에 있고, 태어나기 전부터 있는 참된 뜻(眞意)은 어찌하여 움직일 수 없다는 말인가, 그것이 움직일 때에는 별달리 묘한 일이란 없지만 별달리 묘한 일이 없는 그것이 또한 가장 묘한 일이기도 하다고 하였는데 조금 아리송한 표현이다.

뒷 구절을 살피면 '보통 사람이 죽을 때에도 이것이 움직이게 되는데 그것은 정말 별일이 아니다.'라는 것이다. 사람이 숨을 거둘 때를 주의 깊게 살피면 호흡이 조금씩 조금씩

엷어진다. 그것은 원신으로부터 육신이 분리되기 위해 회전하는 것이다. 그러한 현상은 누구나 한번은 겪어야 하므로 별일이 아니라 할 수 있다.

그런데 '별달리 묘한 일이 없는 그것이 또한 가장 묘한 일'이라는 표현에 대해서는 어떤 경계를 만나도 생멸 변화가 없는 그것이야말로 참으로 묘한 일일 것이다. 물드는 바 없는 그것으로 말미암아 우리는 기쁨과 슬픔을 겪고 행과 불행을 경험하면서도, 본래 모습으로 되돌아오기에 꿋꿋이 버티고 살아갈 수 있는 것이다.

태어남 없이 존재하는 원신(元神)은 별다른 움직임이 없다가, '가장 묘하다는 것'은 빛이 모여서 엉겨져서 뭉쳐지고, 진리 그 자체인 몸(法身)이 차츰차츰 신령스럽게 통하면서 움직이려고 하는 그것이 가장 묘한 일이라고 하였다.

그리고 이어서 말하기를, 위에 말한 것은 모두가 지금까지, 몇 천 년이 지나도록 가르쳐 전하여 주지 않았던 비밀이라고 하였는데 아마도 죽기 전이 아닌 산 채로, 원신의 회전을 의미하는 듯싶다.

원신이 회전하기 전에는 심장에 거하는 의식의 신이 사나운 장군과 같아서 귀, 눈, 입, 코, 피부 같은 감각 기관을 주재하고 있는 임금에 해당하는 심장(天君)을 속이고 몰아세우면서 자신들이 주체가 되어, 한 몸의 법도를 잡고 있기를 오래 계속하게 되면 마침내 보검의 칼끝이 거꾸로 임금에게로 향하는 반역이 일어나게 된다고 하였다.

이러한 경우는 우리가 육신과 마음을 나로 여기면서 보고 듣는 것에 마음이 흘러 나가 욕망과 분노를 일으키며 사는 모습이다. 모든 사람들이 이와 같이 생멸하는 마음이 전부라고 알면서 살다 보면, 오래도록 권력을 쥔 사나운 장수가 임금을 지켜야 하는 임무를 망각하고 오히려 칼끝을 임금에게로 향하는 반역이 일어나게 된다는 것이다.

그래서 우리들 주인공이 누구인지 알지도 못한 채 육도를 끝없이 윤회하고 있다. 아미타경에서는 인간이 팔십 억 겁 동안을 생사를 전전하는 죄업을 지녔기에 세상에 태어난 것이라고 하였다. 우리가 전생을 다행히 기억하지 못하기에 망정이지 만일 기억한다면 삶은 그대로 고통의 바다일 것이다. 죽자고 산을 하나 넘으면 또 산이 나타나고 그러기를 수백 번의 고비를 넘다 보면 어느 새 병들어 늙어 죽는 과정을 되풀이 할뿐이다.

매번 죽음 앞에서 심혈을 일구어 만든 모든 재산과 친지들을 두고 빈손으로 떠나야 하는 운명이란 처절함이 아닐 수 없다. 그러한 현실을 망각하기라도 하듯 인간의 앞에는 무수한 쾌락의 열망이 난무하고 있다. 붓다는 이르길, 삶이란 고통의 끝없는 바다에서 이글거리는 풍랑과 해일을 만난 돛단배와 같다고 하였다.

좋은 일도 매번 반복이 되면 그것이 고통인데, 하물며 모든 삶의 노력을 죽음 앞에서 물거품이 되어 버리는 허망한 꿈같은 삶이라면 지금은 죽지 않고 살아있다고 해서 마냥 즐거워 할 일만은 아닐 것이다.

☖ ☖

그러나 이제 빛을 엉기게 하여 으뜸 된 신이 있는 궁궐(元宮)을 비추면서 지키게 되면 마치 지혜가 빼어나고 밝은 임금이 위에 있는 것 같고, 두 눈을 통하여 밖으로 나가던 빛이 내면으로 되돌아 들어오게 되면, 마치 왼쪽에 서 있는 문관文臣과 오른쪽에 서 있는 무관武臣이 마음을 다하여 보필하는 것과 같아진다. 안으로 다스림이 엄숙하게 이루어진 뒤에는 모든 간사한 무리들이 저절로 창끝을 아래로 향하여 내려뜨리고 임금의 명령을 듣지 아니함이 없게 되는 것이다.

단丹을 이루는 길(丹道)에 있어서는 정精이라는 수水와 신神이라는 화火와 뜻(意)이라는 토土, 이 세 가지를 위없는 보물로 삼는다. 정精이라는 수水는 무엇인가 하면, 다름 아니라 태어나기 이전부터 있었고 참되고 하나뿐인 기氣(先天眞一之氣)이다. 신神이라는 화火는 곧 빛이다. 뜻(意)이라는 토土는 곧 가운데 궁궐 속에 있는 하늘의 중심이요 하늘의 마음(天心)이다.

신神이라는 화火는 작용이 되고, 뜻(意)이라는 토土는 본체가 되고, 정精이라는 수水는 터전이 된다. 보통 사람은 뜻(意)으로 인하여서 몸(身)을 낳는데, 몸이라는 것은 우리 눈에 보이고 2미터도 채 안 되는 그 모습에 그치지 않는다. 몸에는 넋(魄)이라는 것이 있는데 넋은 의식에 붙어서 작용을 하게 되고, 의식은 넋에 힘입어서 생겨난다.

넋은 음陰하고 의식(識)의 바탕이다. 의식은 끊임이 없으니, 생겨나고 또 생겨나고 한 세대世代에서 다음 세대로 이어지고, 한 세상에서 다른 세상으로 이어지며, 넋의 모습이 바뀌거나, 그 넋이 몸담고 있는 그릇이나 그것을 이루게 되는 재료가 변하게 되는 일은 끝나지 않는다. 오직 얼(魂)이라는 것이 있어서 신神이 갈무리되어 있는 곳이 된다. 얼은 낮이 되면 두 눈에 깃들어 있다가 밤이 되면, 간肝에 가서 머문다.

얼이 두 눈에 깃들이게 되면, 눈이 볼 수가 있고, 간肝에 가서 머물면 꿈이 이루어진다. 꿈이라는 것은 신神이 떠돌아다니는 것이다. 위로는 아홉 단계의 하늘(九天)과 아래로는 아홉 층계의 땅(九地)을 눈 깜짝할 동안에 모두 다녀오기도 하는데, 깨어나면 그 모든 것이 언제 있었냐는 듯이 어둠 속으로 사라지는데 마치 깊은 연못 속같이 된다.

☞

여조사는 이르길, 그러나 반면에 빛을 엉기게 하여 으뜸 된 신이 있는 궁궐(元宮)을 비추면서 지키게 되면, 마치 지혜로운 임금이 위에 있는 것 같아서, 두 눈을 통하여 밖으로 흘러 나가던 빛이 내면으로 되돌아 들어오게 된다. 그것은 임금의 양쪽에 문관과 무관이 마음을 다해 보필하는 것과 같다.

이와 같이 안으로 다스림이 엄숙하게 이루어지면 임금에게로 칼끝을 향하던 모든 간사한 무리들이 창끝을 땅에 꽂고 무릎을 꿇어 임금의 명령을 듣지 아니함이 없게 된다고 하였다. 빛을 엉겨 원신의 궁궐을 지킨다는 의미는 정수리 숨골을 집중하면서 들숨과 날숨을 지켜본다는 의미일 것이다. 그렇게 되면 모든 내면의 움직임이 낱낱이 드러난다.

그것을 깨어 있다고 말하며 임금이 있는 듯 없는 듯 지내던 시기에는 오관의 감각이 밖으로 흘러 나간 탓으로 욕망과 분노를 일으켜야 한다. 좋은 것을 보면 소유하고 싶고 싫은 소리를 듣게 되면 성내어 분풀이를 하려는 것이 임금에게로 칼끝을 향해 반역을 꾀하는 것이다.

우리가 분노만 제대로 조절할 줄 아는 법을 터득하면 삶은 완전히 차원이 달라진다. 그만큼 분노는 자신과 주변 사람들에게 피해를 입히고 있다. 분노가 일어나는 순간을 놓치지 않고 깨어있다면 눈과 귀를 다스려야 한다. 보기 싫은 상대를 마주하면서 듣기 싫은 소리를 듣게 되면 그것을 참을 수 있기란 매우 어려운 일이다. 분노가 끓어오르고 있음을 본인이 느낀다면 잠시 화장실을 다녀오든가 자리를 피해야 한다.

자리를 피한 상태에서 자신이 분노를 억제하지 못하고 분풀이를 하고 난 후에 나타나는 일의 결과와 그러지 않았을 때를 곰곰이 돌아보면서 일단 분노의 불길에 휩쓸리지 말아야 한다. 잠시만 지나도 냉정을 되찾을 수 있고 그런 다음에 상대를 만나 불합리한 처사를 조심스레 말하고, 상대가 여전히 수그러들지 않았다면 더 이상 자리를 함께 하는 것은 상대에게나 나에게 도움이 되지 않는다.

이런 식으로 분노의 불길을 한번 억제하게 되면 그 다음부터는 순순히 분노를 제어할 수 있다. 우리가 도저히 참을 수 없어 역정을 내고 길길이 화를 내고 난 다음에는 참지 못한 자신을 후회하기도 한다. 그것은 보고 들리는 눈앞의 상황에서 자신을 제어하기란 오히려 타오르는 불에 기름을 붓는 것과 같다.

보이고 들리지 않은 상태에서는 일의 과정과 결과를 온전히 떠올릴 수 있다. 자신이 잘못한 것은 사과하고 용서를 구하면 되고 상대가 잘못한 경우라면 빌미를 제공한 자신의 행위를 살펴야 한다. 이와 같이 분노의 불길을 조절할 수 있다면 욕망 질투 교만 같은 부정적인 감정들도 쉽게 가라앉힐 수 있다. 그래서 마음을 다스림에 있어서는 보고 듣는 눈과 귀를 먼저 다스림이 가장 효과적이고 분명한 비법일 것이다.

여조사는 이르길, 단丹을 이루는 길(丹道)에 있어서는 정精이라는 수水와 신神이라는 화火와 뜻(意)이라는 토土, 이 세 가지를 위없는 보물로 삼는다고 하였다. 정精이라는 수水는 태어나기 이전부터 있던 참되고 하나뿐인 기氣이다. 그리고 신神이라는 화火는 곧 빛이며 뜻(意)이라는 토土는 곧 가운데 궁궐 속에 있는 하늘의 중심이요 하늘의 마음(天心)이라고 하였다.

불교에서는 하나의 마음이 나타나려면 세 개의 몸을 지닌다고 한다. 법신 보신 응신이라고 하는데 달을 예로 들면 다음과 같다. 법신은 실체를 지닌 달이다. 달에는 달빛이 항상 빛나는데 그것은 보신과 같다. 그리고 수많은 강물에 비치는 달은 응신에 해당된다. 우리가 마음을 내서 쓰는 것은 이러한 세 가지 몸이 결합되어야 가능하다.

달과 같은 실체를 지닌 법신이 있어야 하고 달빛이 온 천하를 비추듯 마음이 나타나야 육신을 보존할 수 있고 생명을 유지할 수 있다. 그리고 개개인의 육신이란 강물에 달이 비추듯 나타난 것이다. 비록 육신은 제각각이지만 법신과 보신은 서로 다를 바 없으므로 이 세상 어디를 가더라도 나를 가장 소중하게 생각한다. 그러므로 나에게 좋은 일은 남들도 좋아하고 나에게 싫은 것은 남들도 싫은 것이다.

여조께서 말하고 있는 단을 이루는 세 가지란 정신의(精神意)를 살피면 정精이란 태어나기 이전부터 있던 참된 기氣라고 하였으니 달에 해당되는 법신이다. 그리고 신神이라는 화火는 곧 빛이라 했으니 보신에 해당되며, 뜻(意)이라는 토土는 곧 가운데 궁궐 속에 있는 하늘의 중심이요 하늘의 마음(天心)이라고 하였다. 그것은 우리들 스스로 법신과 보신을 지니고 있는 응신일 것이다.

그리고 다시 말하길, 보통 사람은 뜻(意)으로 인하여서 몸(身)을 낳는데, 몸이라는 것은 우리 눈에 보이고 2미터도 채

안 되는 그 모습에 그치지 않는다. 몸에는 넋(魄)이라는 것이 있는데 넋은 의식에 붙어서 작용을 하게 되고, 의식은 넋에 힘입어서 생겨난다고 하였다.

살펴본 바로 개개인의 육신을 지니려면 법신을 지녀야 가능하다. 그러므로 법신과 육신이 함께 존재한다는 의미이며 법신은 실체이고 육신은 거울에 비친 그림자와 같다. 따라서 마음도 법신의 마음과 육신의 마음이 존재할 것이다. 법신의 마음은 늘 변함없이 그대로인 반면에 육신의 마음은 육신을 돌보기 위해 상황과 주변 환경에 따라 매순간 변해 간다.

그것을 정신의 마음과 육신의 마음이라고 하지만 정신과 마음이라 해도 될 것이다. 정신은 무언가를 의지해서 존재하는 것이 아니므로 정신과 정신의 마음이 따로 있을 수 없다. 그러나 마음은 오관이 받아들인 경험을 통해 생겨난 탓으로 사물에 의지함 없이는 존재할 수 없다.

이와 같은 이치를 따라 육신으로 지은 넋은 음陰하고 의식(識)의 바탕이다. 의식은 끊임이 없으니, 생겨나고 또 생겨나고 한 세대에서 다음 세대로 이어지고, 한 세상에서 다른 세상으로 이어지며, 넋의 모습이 바뀌거나, 그 넋이 몸담고 있는 그릇이나 그것을 이루게 되는 재료가 변하게 되는 일은 끝나지 않는다. 즉 생사를 전전하는 육신을 따라 넋은 생겨나는 것이다. 그것은 곧 육신이 한 세대에서 소멸되면 넋도 또한 소멸되어 버린다. 그리고 육신이 생겨나면 그 육신이 처한 환경과 주변 요소들에 의해 넋도 새롭게 생겨나는 것이다.

그러나 오직 얼(魂)이라는 것이 있어서 신神이 갈무리되어 있는 곳이라고 하였다. 얼은 정신이며 혼에 해당되므로 법신의 마음이다. 그것은 변함없이 늘 그대로이다. 얼이 빠져나가면 육신의 소멸을 뜻하는 죽음이고, 넋이 나가면 육신의 소멸이 아닌 식물인간처럼 멍한 상태를 의미한다. 얼이 존재하므로 넋도 있을 수 있기에 얼과 넋은 항상 함께 한다.

얼은 낮이 되면 두 눈에 깃들어 있다가 밤이 되면, 간肝에 가서 머문다고 하였다. 얼이 두 눈에 깃들이게 되면, 눈이 볼 수가 있고, 귀에 머물면 들을 수 있다. 그러나 얼이란 이곳저곳을 왔다 갔다 할 수가 없다. 만일 이곳에서 저곳으로 간다는 것은 이곳에는 있고 저곳에는 없으므로 여기서 저기로 간다는 의미이다. 있고 없음으로 존재한다면 그것은 생멸 변화를 일으킨다는 것이므로 참된 것이라 할 수 없다.

따라서 넋은 육신의 마음인 생멸심이므로 마음이 산만할 때는 한 곳에 집중하게 되면 산만함이 사라진다. 마음은 테이블에 놓인 두 개의 사물에 초점을 맞출 수 없기 때문에 이쪽저쪽을 왔다 갔다 할 수 있다. 그러므로 이빨의 통증을 느낄 때 팔이 부러지면 이빨의 통증은 사라진다. 한꺼번에 두 곳의 통증을 느낄 수 없는 까닭이다. 단지 빠르게 오가는 것이다.

이와 같아서 얼의 있는 곳이란 따로 있을 수 없지만 마음이 움직이면서 얼의 존재를 드러낼 수 있다. 손으로 머리를 만지면 손도 알고 머리도 접촉되고 있음을 아는 것은 마음이 손과 머리의 접촉면으로 갔기 때문이다. 그것은 손에도 얼이 존재하고 머리에도 얼이 존재한다는 의미이다. 곧 우리의 몸 전체가 정신이며 얼인 것이다.

여조사는 이르길, 간肝에 가서 머물면 꿈이 이루어진다. 꿈이라는 것은 신神이 떠돌아다니는 것이라고 하였다. 신이 떠돈다는 것은 마음이 떠돈다는 것이며 육신이 잠들어 오관이 쉬고 있으므로 마음은 이리저리 떠돌게 된다. 그러므로 마음의 특성인 과거와 미래를 오가면서 경험과 상상을 통해 꿈을 지어내는 것이다.

꿈은 위로는 아홉 단계의 하늘(九天)과 아래로는 아홉 층계의 땅(九地)을 눈 깜짝할 동안에 모두 다녀오기도 하는데, 깨어나면 오관이 활동을 시작하므로 마음은 떠돌 필요가 없어진다. 그러므로 그 모든 것이 언제 있었냐는 듯이 어둠 속으로 사라지는데 마치 깊은 연못 속같이 된다는 것이다.

그러나 꿈은 잠들어야만 나타나는 것이 아니라 현실 속에서도 깨어 있지 못하면 과거의 기억과 미래의 상상으로 넋이 나갈 수 있는데 그것이 깨어서도 꿈꾸는 것이다. 그것은 임금에게 칼끝을 향하며 반역을 도모하게 된다. 인간이 정수리 숨골을 집중하면서 깨어있지 못하면, 그저 과거의 습성대로 지난 길 또 지니고 왔던 길 다시 가면서 시계추처럼 반복된 삶을 살아갈 뿐이다.

☘ ☘

어떤 형태에 사로잡힌다는 것은 다름 아니라 그 넋에 사로잡히는 것이다. 그러므로 빛을 돌리게(回光) 되면, 그것이 원인이 되어서 얼(魂)을 불리게 되고, 신(神)을 보존하게 되면서, 넋(魄)을 눌러 놓게 되며, 의식(識)을 끊어 버리게 된다. 옛 사람들이 세상을 벗어난 방법은 음(陰)한 찌꺼기들을 모조리 불로 불려서 잡된 것 하나 없이 순수한 陽으로 이루어진 상태, 곧 팔괘八卦 가운데의 건괘乾卦 상태를 다시 돌아오게 하는 것이었으며, 넋을 녹여 없애고 얼을 온전하게 하는 것이었다.

빛을 돌린대(回光)는 것은 음(陰)을 녹여 없애고 넋을 눌러 놓는 방법을 가리킨 것이다. 순수한 양(陽)만으로 된 상태인 건괘乾卦의 상태로 돌아오는 일은 따로 있는 것이 아니고, 오직 빛을 돌리는(回光) 방법만이 있을 따름이다. 빛은 곧 순수한 양陽만으로 이루어진 상태인 건乾이고, 그것을 되돌려 비춘다는 것은 곧 그것을 떠나갔던 상태로부터 되돌아오게 한다는 것이다.

오직 이 방법만을 지키고 있노라면 저절로 정精이 가득 차게 되고, 신神이라는 화火가 피어나게 되고 뜻(意)이라는 토土가 엉겨서 흩어짐이 없게 된다. 그렇게 되면 성스러운 태아(聖胎)가 맺힐 수 있게 된다. 쇠똥구리라는 곤충이 쇠똥을 동글동글 굴리면 그 알맹이 가운데에서 흰 빛이 생겨나는데, 이것은 신神을 그것에 쏟아 부어서 이루어지는 것으로 신의 작용에 의한 보람(神功결실)이다.

이와 같이 쇠똥 알맹이 가운데에서도 새로운 것의 조짐을 낳고 그 껍질을 벗어 버릴 수 있거늘, 나에게 있고 참다운 마음이 쉬고 있는 하늘의 가운데(天心)라는 곳에다가 신神을 쏟아 붓는다면, 어찌 또 하나의 새로운 몸을 태어나게 하는 일이 불가능하기만 하겠는가,

하나의 신령하고 태어나기 전부터 있는 참된 성품(眞性)이 하늘이라고 할 수 있는 진공(乾宮건궁)에서 떨어지고 나면, 그것은 곧 얼(魂)과 넋(魄)으로 나누어진다. 얼(魂)은 하늘의

중심(天心)에 있게 되는데 양陽하고 가볍고 맑은 기氣이다. 이것은 텅 비고 고요한 우주의 근원(太極)으로부터 온 것인데, 우주에서 가장 으뜸이며 근원이 되는 창조주(元始)와 같은 모습이다. 넋(魄)은 음陰하고 무겁고, 탁한 기氣인데, 모양 모습이 있는 모든 생물의 육체에 붙어 있다.

얼(魂)은 살기를 좋아하고 넋(魄)은 죽기를 바라는 성질이 있다. 이 세상의 물질적인 것(色)을 좋아하여 움직이는 모든 기氣는 모두가 넋(魄)이 그렇게 하는 바이다. 넋은 다름 아니라 의식의 신(識神)인 것이다. 붙어 있던 생물이 죽은 뒤에는 피로 된 음식을 받아먹는데, 되살아나는 경우에는 음陰한 것들이 음陰한 것에게로 돌아가서 같은 것끼리, 뭉치게 되기 때문에 아주 큰 불행이 일어난다.

배우는 사람은 그 정精과 기氣와 신神을 불리는 과정에서 이 음陰한 넋(魄)을 모조리 불태워 없애 버리면 곧바로 잡된 것 하나 없이 순수한 양陽으로 되는 것이다.

☞

여조께서 이르길, 어떤 형태에 사로잡힌다는 것은 다름 아니라 그 넋에 사로잡히는 것이라고 하였다. 육신의 마음은 형상과 모습을 따라 나타나기 때문에 그것을 통해 내게 맞고 안 맞고를 결정한다. 맞는 것은 욕망으로 안 맞는 것은 분노로 표현하게 된다. 욕망과 분노란 같은 감정의 다른 표현일 뿐이다.

그러므로 빛을 돌리게(回光) 되면, 그것이 원인이 되어서 얼(魂)을 불리게 되고, 신(神)을 보존하게 되면서, 넋(魄)을 눌러 놓게 되며, 의식(識)을 끊어 버리게 된다고 한다. 즉 정수리 숨골에 집중하면 생각과 말과 행동을 지켜보게 된다. 그럼으로써 육신의 마음이 산만하게 흩어지지 않으므로 그것이 혼을 불리고 신을 보존한다는 것이다. 마치 뜨거운 솥뚜껑에는 잡념의 파리가 달라붙지 못한다.

옛 사람들이 세상을 벗어난 방법은 음(陰)한 찌꺼기들을 모조리 불로 불려서 잡된 것 하나 없이 순수한 陽으로 이루어진 상태, 곧 팔괘八卦 가운데의 건괘乾卦 상태를 다시 돌아오게 하는 것이었으며, 넋을 녹여 없애고 얼을 온전하게 하는 것이라고 하였다.

빛을 돌린다[回光]는 것은 음陰을 녹여 없애고 넋을 눌러 놓는 방법을 가리킨 것이다. 순수한 양陽만으로 된 상태인 건괘乾卦의 상태로 돌아오는 일은 따로 있는 것이 아니고, 오직 빛을 돌리는(回光) 방법만이 있을 따름이라고 하였다. 만일 빛을 돌려 내면을 지켜보는 방법 외에 다른 것이 있다고 하면 정신과 마음이 별개로 존재한다는 의미일 것이다.

그래서 정신을 통해 마음을 소멸시킬 수 있지만 정신과 마음은 별개로 존재하는 무엇이 아니다. 손가락을 벌리면 손바닥이 되고 손가락을 오므리면 주먹이 되지만 손바닥과 주먹은 제각각 존재하는 별개의 것이 아니다. 마찬가지로 정신의 마음이 육신을 돌면 육신의 마음이고, 육신의 마음이 밖의 대상을 향해 흘러 나가지 않으면 비교와 의도를 일으키지 않으므로 그것이 정신이다.

육신의 마음이 밖으로 흘러 나가지 않는 상태란 순수한 양陽만으로 이루어진 상태인 건乾이고, 바깥 대상을 향해 흘러 나가면 그것이 음陰의 상태이다. 되돌려 비춘다는 것은 곧 정신이 바깥 대상으로 흘러가느라 그것을 떠나갔던 상태로부터 되돌아오게 한다는 것이다.

그러므로 오직 이 방법만을 지키고 있노라면 저절로 정精이 가득 차게 되고, 신神이라는 화火가 피어나게 되고 뜻(意)이라는 토土가 엉겨서 흩어짐이 없게 된다. 그렇게 되면 성스러운 태아(聖胎)가 맺힐 수 있게 된다고 하였다.

우리가 욕망과 분노로 인해 들뜨고 산만한 상태로 지내다 보니 성스러운 태아의 존재를 잊고 살지만 사실 온 세상을 두로 살핀다 해도 이것 외에는 존재하는 바가 없다. 모두가 이것을 통해 이루어지는데도 그것을 알지 못함은 육신을 맴

돌며 아상을 주장하는 마음에 가로막힌 탓이다.

정결하고 투명한 본체의 마음을 알지 못한다면 인간은 단지 죽음을 향해 하루하루 다가설 뿐이며, 죽음보다 못한 삶을 영위하고 있다. 여조사는 쇠똥구리를 예로 들면 말하기를, 쇠똥구리도 쇠똥을 동글동글 굴리면 그 알맹이 가운데에서 흰 빛이 생겨나는데, 이것은 쇠똥구리가 온 정신神을 그것에 쏟아 부어서 이루어지는 것이며, 정신의 작용에 의한 결실이라고 하였다.

이와 같이 쇠똥 알맹이 가운데에서도 새로운 것의 조짐을 낳고 쇠똥구리가 그 껍질을 벗어 버릴 수 있거늘, 하물며 우리 모두에게 존재하며, 참 마음이 쉬고 있는 하늘의 가운데(天心)라는 곳에다가 정신神을 쏟아 붓는다면, 어찌 또 하나의 새로운 몸을 태어나게 하는 일이 불가능하기만 하겠느냐고 하였다. 그러나 새로운 몸이란 새롭게 태어나는 것이 아니라 잊고 살았던 우리들 본래의 몸을 회복하는 것이다.

우리가 몸을 받을 때, 하나의 신령하고 태어나기 전부터 있는 참된 성품(眞性)이 건궁乾宮에서 떨어지고 되면, 그것은 곧 얼(魂)과 넋(魄)으로 나누어진다고 하였다. 얼(魂)은 하늘의 중심(天心)에 있으며 양陽하고 가볍고 맑은 기氣이다. 이러한 얼은 텅 비고 고요한 우주의 근원(太極)으로부터

- 55 -

온 것이며, 가장 으뜸 되고 근원이 되는 창조주(元始)와 같은 모습이라고 하였다.

반면에 넋(魄)은 음陰하고 무겁고, 탁한 기氣인데, 모든 생물의 육체에 붙어 있다. 얼(魂)은 살기를 좋아하고 넋(魄)은 죽기를 바라는 성질이 있다고 하였는데 얼은 생멸 변화를 일으키지 않으므로 늘 그대로이다. 그러나 넋은 생성과 소멸을 반복하면서 이곳에서 죽고 저곳에서 태어나므로 그것을 일컬어 얼은 살기를 좋아하고 넋은 죽기를 바란다고 표현한 것이리라.

넋은 모양과 형태를 따라 생멸하므로 이 세상의 물질적인 것(色)을 좋아하여 움직이는 모든 기氣는 모두가 넋(魄)이 그렇게 하는 바이다. 넋은 다름 아니라 의식의 신(識神)인 것이라고 하였다. 의식이란 사물에 대해 인식하는 것이기에 사물이 없으면 그 자체로서는 존재할 수 없다. 그것이 넋의 속성이며, 사물의 그림자와 같은 상태로 존재한다.

넋이 붙어 있던 생물이 죽은 뒤에는 피로 된 음식을 받아먹는데, 되살아나는 경우에는 음陰한 것들이 음陰한 것에게로 돌아가서 같은 것끼리, 뭉치게 되기 때문에 아주 큰 불행이 일어난다고 하였다. 넋은 보고 들은 집착으로 인해 생겨난 것이라 음과 음이 뭉치면 집착이 집착을 낳게 되므로 집착하는 것치고 죄가 되지 않음이 없기 때문이다.

　그러므로 배우는 사람은 그 정精과 기氣와 신神을 불리는 과정에서 이 음陰한 넋(魄)을 모조리 불태워 없애 버리면 곧바로 잡된 것 없이 순수한 양陽으로 된다고 하였다. 넋을 불태워 없앤다는 의미는, 사물을 보고 들으면서 앎을 일으키면 그것이 번뇌이고 앎을 일으키지 않으면 그것이 해탈이라고 붓다는 말씀하였다. 따라서 보고 들음에 비교와 의도를 일으키지 않고 보고 듣는 것이며, 그것은 있는 그대로의 사물이 눈에 비치고 귀에 들려오는 수동적인 상태로써 보고 듣는 것이라 할 수 있다.

제 3장 빛을 돌게 하고 중을 지킨다

回光守中第三

呂祖曰。回光之名。何昉乎。昉之自文始真人也。光回則天地陰陽之氣
無不凝。所云精思者此也。純氣者此也。純想者此也。初行此訣。是有中
似無。久之功成。身外有身。乃無中似有。百日專功。光纔真。方為神
火。百日後光自然。一點真陽忽生沉珠。如夫婦交合。有胎便當靜以待
之。光之回即火候也。夫元化之中。有陽光為主宰。有形者為日。在人為
目。走漏神識莫此甚順也。故金華之道全用逆法。回光者。非回一身之精
華。直回造化之真氣。非止一時之妄想。真空千劫之輪迴。故一息當一年
人間時刻也。一息當百年九途長夜也。凡人自臥地一聲之後。逐境順生。
至老未嘗逆視。陽氣衰滅便是九幽之界。故楞嚴經云。純想即飛。純情即
墮。學人想少情多。沉淪下道。惟諦觀息靜。便成正覺。用逆法也。陰符
經云。機在目。黃帝素問云。人身精華皆上注於空竅是也。得此一節。長
生者在茲。超生者亦在茲矣。此貫徹三教工夫也。光不在身中亦不在身
外。山河日月大地無非此光。故不獨在身中。聰明智慧一切運轉。亦無非
此光。所以亦不在身外。天地之光華布滿大千。一身之光華亦自漫天蓋
地。所以一回光。大地山河一切皆回矣。人之精華上注於目。此人身之大
關鍵也。子輩思之。一日不靜坐。此光流轉何所底止。若一刻能靜坐。萬
劫千生從此了徹。萬法歸於靜。真不可思議。此妙諦也。然工夫下手。由
淺入深。由粗入細。總以不間斷為妙。工夫始終則一。但其間冷暖自知。
要歸於天空地闊。萬法如如。方為得手。聖聖相傳不離反照。孔云致知。
釋號觀心。老云內觀。皆已括盡要旨。其餘入靜出靜。前後以小止觀書印
證可也。緣中二字妙極。中無不在。遍大千皆在裏許。聊指造化之機緣。
此入門耳。緣者緣此為端倪。非有定者也。此一字之義。活甚。妙甚。止
觀二字。原離不得。即定慧也。以後凡念起時。不要仍舊兀坐。當究此念
在何處。從何起。從何滅。反覆推窮。了不可得。即見此念起處也。不要
又討過起處。覓心了不可得。吾與汝安心竟。此是正觀。反此者名為邪

觀。如是不可得己。即仍舊綿綿去。止而繼之以觀。觀而繼之以止。是定慧雙修。此為回光。回者止也。光者觀也。止而不觀。名為有回無光。觀而不止。名為有光無回。誌之。

呂祖께서는 다음과 같이 말씀하였다.

빛을 돌린다[回光]는 말이 어찌하여 나왔는가, 문시진인文始眞人 곧 관윤자關尹子의 문시진경文始眞經에서부터 나오기 시작하였다. 빛을 돌게 하면 하늘과 땅의 음陰하거나, 양陽한 기氣가 모두 모여서 엉기지 아니함이 없게 된다. 이른바 깔끔하고, 세밀하게 깊이 생각한다는 것도 이것을 말하는 것이고, 기氣를 잡된 것이 섞이지 않도록 순수하게 한다는 것도 이것을 말하는 것이며, 그려보는 생각(想)을 잡된 것이 섞이지 않도록 순수하게 한다는 것도 이것을 말하는 것이다.

처음에 이 방법을 행할 때에는 어떤 존재가 있는 가운데에 있으면서도 마치 그것이 없는 듯이 느끼며 행하지만, 그렇게 오래도록 계속하여 보람이 이루어져서 피와 살로 된 보통의 몸 바깥에 또 하나의 어떤 몸이 이루어지는 때가 되면, 아무것도 없는 가운데에서 그 어떤 존재가 있는 듯이 느껴지는 것이다.

해가 떴다가 지기를 백 번 거듭하는 동안 오로지 이 일만을 하게 되면, 그제야 빛이 태어나기 이전의 상태와 같이 참

답게 된다. 이렇게 된 뒤에야 그 빛이 신령한 불(神火)이 되고 바른 생각(正念)을 이루게 된다.

위와 같이 배우고, 닦으면서 해가 떴다가 지기를 백 번 거듭하고 나면, 빛이 저절로 모여들고, 그 가운데에서 태어나기 전부터 있었으며 참으로 양(眞陽)한 어떤 하나의 점이 저절로 갑자기 생겨나오는데, 마치 기장쌀 알맹이 같은 구슬이다. 부부가 서로 합하면 아이가 생겨나는 것과 같은 이치이다.

☞

呂祖께서 말씀하시길, 빛을 돌린다[回光]는 말이란 빛을 돌게 하면 하늘과 땅의 음陰하거나, 양陽한 기氣가 모두 모여서 엉기지 아니함이 없게 된다고 하였다. 회광반조라고도 하는데 빛을 돌이켜 내면을 비춘다는 의미이다. 그러므로 내면에서 움직이는 생각을 지켜본다는 것이다. 지켜봄에는 어떤 의도가 달라붙을 수 없다.

우리는 지켜봄의 텅 비고 무한한 밝음의 마음이 존재하므로 행복과 불행, 기쁨과 슬픔, 선과 악 등의 이원적인 모습에서 물드는 바 없이 한결같은 본래의 모습을 간직할 수 있다. 만일 지켜봄의 마음인 얼이 없다면 기쁠 때에는 기쁨에 물들어 슬픔이 들어서지 못하니 슬픔을 느끼지 못할 것이다.

또한 슬플 때에는 슬픔에 물들어 기쁨을 느끼지 못해야 하지만 그렇지 않다.

아무리 견디기 힘든 슬픔이라 할지라도 시간이 지나면서 치유되는 것은 우리들 본성의 얼이 존재하기 때문이다. 그렇기에 기쁨 속에서도 슬픔이 스쳐 감을 알고 슬픔 속에서도 잔잔한 기쁨이 샘솟기도 한다. 그 말은 곧 행과 불행에 점유되지 않으며 생각에 의해 물드는 바가 없다는 의미이다. 그러므로 넋을 통해 얼을 헤아려 감 잡고 싶어 하는 것은 어디에도 물들지 않는 허공을 물들이려는 것과 같아서 그것이 무명이다.

여조께서 말하길, 이른바 깔끔하고 세밀하게 깊이 생각한다는 것도 이것을 말하는 것이고, 기(氣)를 잡된 것이 섞이지 않도록 순수하게 한다는 것도 이것을 말하는 것이며, 그려보는 생각(想)을 잡된 것이 섞이지 않도록 순수하게 한다는 것도 이것을 말하는 것이라고 하였다.

처음에 이 방법을 행할 때에는 어떤 존재가 있는 가운데에 있으면서도 마치 그것이 없는 듯이 느끼며 행한다고 하였다. 즉 내면의 움직임을 지켜봄에 있어 처음에는 마음과는 속성이 다른 마음의 존재를 느끼지 못하지만, 마음과는 속성을 달리하는 마음이 있음을 알게 된다. 일상적인 마음은 어딘가에 의지해서 나타나지만 지켜봄의 마음은 의지함 없이 그 자체로써 존재함을 알게 된다.

만일 모기에게 물려서 가려움을 느낀다는 것은 물리기 이전 상태를 알고 있다는 의미이며 허리에 의자 등받이가 닿이는 느낌을 안다는 것은 닿음이 없는 상태를 알아차리고 있는 까닭이다. 닿음이 없이 잔잔한 그 상태를 알아차리지 못한다면 마치 출렁거리는 파도에 돌을 던져 파문이 일어도 그것을 알지 못할 것이다.

그렇게 오래도록 지켜봄을 계속하여 보람이 이루어져서 피와 살로 된 보통의 몸 바깥에 또 하나의 어떤 몸이 이루어지는 때가 되면, 아무 것도 없는 가운데에서 그 어떤 존재가 있는 듯이 느껴진다고 하였다. 그것을 일컬어 성품을 본다는 것이며 그러한 성품에 의해 마음이 생멸할 수 있음을 알게 된다. 본성은 허공과 같고 생멸의 마음은 구름과 같다.

위와 같이 배우고, 닦으면서 해가 떴다가 지기를 백 번 거듭하고 나면, 빛이 저절로 모여들고, 그 가운데에서 태어나기 전부터 있었으며 참으로 양(眞陽)한 어떤 하나의 점이 저절로 갑자기 생겨나오는데, 마치 기장쌀 알맹이 같은 구슬이다. 부부가 서로 합하면 아이가 생겨나는 것과 같은 이치라고 하였다.

지켜봄을 오래도록 계속하면 지켜보기를 의도하는 바가 없어도 지켜봄은 늘 변함없이 일어나고 있음을 깨닫게 된다. 우리의 몸을 움직이는 것이 무엇인가를 의심하고 또 의심하다 보면 의심뭉치가 만들어지는데 그것을 의단이라 하며, 의단독로란 의심뭉치가 툭 터져 드러난다는 것이다. 그것이 황금의 빛이다.

우리는 그것과 잠시도 떨어져 산 적이 없었다. 소리 나는 쪽으로 고개를 돌리는 것도 소리 없음을 지켜보는 무언가가 존재하기에 아는 것이며, 모양과 형상이 눈에 비치고 있음을 아는 것도 형상 없는 허공을 늘 보기 때문에 아는 것이다.

여조사는 견성한다는 것을 기장쌀 알맹이가 생겨난다고 표현했지만 무위를 표현하기 위해 유위적인 방편을 사용한 것이다. 만일 깨달음이 어떤 알맹이를 얻는 것이라 한다면 크고 작음이 있을 터이니, 보다 큰 알맹이를 얻기 위해 끝없이 달려야 한다. 그것은 깨달음이라 할 수 없다. 그래서 깨달음에는 알맹이가 없다. 달마대사는 이르길, 얻고 구함이 없는 그것이 도라고 하였다.

그러므로 한 생각에 의해 깨달음이 이루어진다. 무학(아라한)이라면 죽자고 평생을 공부했지만 배우고 익힘으로써는 다가설 수 없는 길임을 절감하는 한 생각이 솟구쳐 나옴으로써 아라한을 성취하는 것이다. 그는 비로소 꿈에서 깬 것이며, 꿈에서 깨어났기 때문에 자신이 아라한과를 얻었다는 생각도 일으키지 못한다.

이와 같이 무수한 세월 동안 마음과 투쟁하며 지냈지만 결국 마음을 이길 수 있는 방법이 없다는 한 생각이 솟구쳐 나온다면 그는 더 이상 마음과 싸우려 들지 않을 것이다. 그것이 마음을 문제 삼지 않는 것이며 찾고 구함을 완전히 끝내는 길이다. 그러나 이와 같은 한 생각이 솟구쳐 나오려면 설렁설렁 심심할 때 땅콩 주워 먹듯 해서는 당치도 않을 것이다.

무명이란 착각으로 인한 미혹에서부터 생겨난 것이다. 그러므로 무명에서 벗어남이란 무언가를 얻어서가 아니라 잘못된 길에서 헤매고 있었다는 한 생각에 미혹을 떨치면 그 즉시 잠에서 깨어남이다. 따라서 거기에는 점차가 없으며 잠에서 깨어나면 곧 꿈에서 깬 것이라 방편도 필요치 않다는 것이다.

금강경에서 붓다는 수보리 존자에게 묻기를, 아라한과를 얻은 사람이 만일 내가 아라한과를 얻었다고 하겠는가, 수보리가 말씀드리되 "아닙니다. 세존이시여, 무슨 까닭인가 하면 실로 아라한이라 할 법이 없기 때문입니다. 만약 아라한

이 "내가 아라한 도를 얻었다"하면 이는 곧 아상·인상·중생상·수자상에 집착함입니다.

🏺🏺

마땅히 변화와 움직임을 여의고 조용히 그러한 현상이 일어나기를 기다리고 있어야 한다. 빛이 돌면 몸속에 있는 불(火)이 운행을 하는데, 마치 해가 운행을 하여 봄·여름·가을·겨울이 생기듯 빛이 되돌려 비추는 곳에 따라서 몸속의 불(火)이 운행하면서 여러 가지 정황을 만들어 낸다. 그러므로 빛의 돌아감이 곧 몸속의 불(火)이 엮어 내는 계절(候)이 되는 것이다.

우주 자연의 운행과 변화 가운데에는 어떤 양陽한 빛이 있어서 그것을 주재主宰하고 있는데, 모습을 드러낸 것은 해(日)가 되고 사람에게 있어서는 눈(目)에 해당된다. 신神과 인식능력(識)을 밖으로 달려 나가게 하고 흘러 나가 버리게 되는 일은 이 양陽한 빛을 병들게 하는데, 그것은 이것이 매우 순하게 변화를 따르기 때문이다.

그러므로 황금 꽃(金華)을 피우기 위한 길은 모든 것을 거꾸로 거스르는 방법을 쓴다. 빛을 돌린다[回光]는 것은 한 사람의 몸에 있고 뛰어나고 훌륭한 광채(精華)를 돌린다는 것만이 아니고, 곧바로 우주 자연의 운행 변화를 일으키는 그 선천先天의 참된 기(眞氣)를 돌린다는 말이며, 그때그때 일어나는 헛된 생각을 한때 그친다는 것만이 아니고, 곧바로 천겁 동안이나 돌고 돌 윤회輪廻를 그쳐서 빌붙을 바 없는 공空을 이룬다는 것이다.

그러므로 숨 한 번 쉬는 동안에 봄. 여름. 가을. 겨울을 다 거치게 되니, 인간의 시각으로 따져서 일 년이 흐른 것과 같고, 캄캄한 가운데에서 숨 한 번 쉬는 동안에 지옥에서부터 하늘 꼭대기까지 두루 돌아오게 되니, 그 욕계. 색계. 무색계를 거치는 기간이 마치 백 년 동안이나 걸리는 긴 밤중과 같다.

☞

여조께서 이르길 마땅히 변화와 움직임을 여의고 조용히 그러한 현상이 일어나기를 기다리고 있어야 한다고 하였다. 변화와 움직임이 일어나도록 조작하는 인위적인 행위란 전혀 도움이 되지 않는다는 의미이다.

만일 그러한 조작이 통한다면 원신의 태을금화란 생각과 의지가 닿을 수 있다는 것이며, 그것은 생각에 의해 물든다는 것이고 생각에 물드는 바가 있다면 생멸 변화가 일어난다는 의미이기도 한 때문이다.

우주 자연의 운행과 변화 가운데에는 어떤 양陽한 빛이 있어서 그것을 주재主宰하고 있는데, 모습을 드러낸 것은 해(日)가 되고 사람에게 있어서는 눈(目)에 해당된다. 신神과 인식능력(識)을 밖으로 달려 나가게 하고 흘러 나가 버리게 되는 일은 이 양陽한 빛을 병들게 하는데, 그것은 이것이 매우 순하게 변화를 따르기 때문이라고 하였다.

우주의 질서에는 음과 양의 조화를 통해 드러나는데 음이 어둠이라면 양은 밝음에 해당될 것이다. 해가 있으므로 밝음이 나타나고 해를 등지면 어둠을 이루는데, 사람에게 있어서는 눈이 해당되는 것이다. 그러므로 눈을 뜨면 육신에 빛이 들고 눈을 감으면 어둠이 들어선다.

그러므로 황금 꽃(金華)을 피우기 위한 길은 모든 것을 거꾸로 거스르는 방법을 쓴다. 즉 빛을 돌린다[回光]는 것은 광채(精華)를 돌린다는 것만이 아니고, 곧바로 선천의 참된 기를 돌린다는 말이라고 하였다. 따라서 빛을 돌린다는 것은 그때그때 일어나는 헛된 생각을 잠시 그친다기보다는 천겁 동안 돌고 돌 윤회를 그칠 수 있는 공空을 이룬다는 것이다.

☗ ☗

보통 사람은 "으앙" 하고 한번 크게 울면서 땅에 떨어진 뒤로 계속해서 환경의 변화가 일어나는 대로 따라서 살아갈 뿐 늙기 전에 한 번도 그 변화를 거슬러 보지 않는다. 그리하여 양陽한 기氣가 줄어들어 없어지고 마니 곧바로 끝없는 밑바닥의 세계(九幽)로 떨어지는 것이다. 그러므로 능엄경에서는 "잡된 것이 섞이지 않고 순수한 생각(想)은 그 자체로서 위로 날아올라 가고, 잡된 것은 그 자체로서 아래로 떨어져 내린다.(純想卽飛, 純情卽墜)"라고 말하였다.

보통 배우는 사람은 생각(想)은 적고 정精이 많아서 아래로 흘러내리는 길을 따라 가라앉게 마련이다. 오직 진실하고 헛됨이 없는 진리를 깨달으면서 자세히 살피고(滯觀) 숨을 고르고 가늘고 길고, 부드럽게 쉬어야만(息靜) 바른 깨달음을 이룰 수 있게 되는데, 그러한 것이 바로 거꾸로 거스르는 방법을 쓰는 것이다.

음부경에서는 "그 열쇠가 되는 기틀이 눈(目)에 있다"라고 하였고, 황제내경에서는 "사람의 몸에 있는 뛰어나고 훌륭한 광채(精華)는 모두가 위에 있는 텅 빈 구멍으로 올라가서 쏟아 부어진다"라고 말하였는데, 그 모든 것이 다 이러한 사정을 말하고 있는 것이다.

이 한 구절을 알아듣고 몸으로 얻으면 오래도록 사는 사람도 이에서 나오고, 굴레를 벗고 뛰어넘어서 높은 세계로 올라가는 사람도 이에서 나온다. 이것은 유불선이라는 세 종교의 어느 것에나 통하는 가르침을 배우고 익히는 것(工夫)이다.

빛은 몸속에 있는 것도 아니고 몸 밖에 있는 것도 아니다. 산과 물과 땅과 해와 달이 모두 이 빛 아닌 것이 없으므로 오직 몸에만 있는 것이 아니겠으며, 총명함이나 지혜나 간에 모든 정신작용이 운행되고 전환되는 것이 모두 이 빛 아님이 없으므로 또한 몸 밖에만 있는 것도 아니다.

하늘과 땅과 빛은 그대로 이 세계를 천 곱의 천 곱을 또 천 곱한 만큼의 세계(大千)에 가득 퍼져 있으며, 사람의 한 몸 빛도 역시 저절로 한번 빛을 돌리면(回光) 하늘과 땅과 산과 물 모든 것이 모두 도는 것이다. 사람의 빛은 위로 눈(目)에 모여드니 이것이 바로 사람의 몸에 있어서의 큰 열쇠가 되는 사실이다.

그대들은 이 사실을 깊이 생각하라, 하루라도 변화와 움직임을 여의고, 조용히 앉아(靜坐)있지 않으면 이 빛이 흘러서 돌아다닌다. 어느 곳을 막아서 그치게 할 것인가, 만약 한 시각이라도 변화와 움직임을 여의고 조용히 앉아(靜坐) 있을 수만 있다면, 지나온 전생(前生)이 만 겁 동안에 천 번을 태어났을지라도, 이 한 시각으로 완전히 끝내 버릴 수가 있는 것이다.

모든 가르침은 결국 변화와 움직임을 여의고 조용하라(靜)는 것으로 돌아온다. 참으로 보통 사람의 생각으로는 미처 이루어 헤아릴 수 없는 것이 바로 이 묘한 진리(妙諦)인 것이다. 그렇기는 하지만 실제로 배우고 익히는 일(工夫)을 처음 시작함에 있어서는 얕은 곳에서부터 깊은 곳으로 들어가고, 거친 곳에서부터 세밀한 곳으로 들어간다. 통틀어서 말하면 사이사이에 끊어짐이 없이 계속하는 것을 훌륭하다고 하며, 끊임이 없으면 묘한 보람이 저절로 생겨나게 마련이다.

실제로 배우고 익히는 일(工夫)은 처음부터 끝까지 하나(一)라는 글자에 달려 있다. 다만 그렇게 한결같이 하나를 지켜 내고 있노라면 저절로 차가운 느낌도 오고, 더운 느낌도 겪게 되는데(冷暖自知), 그러한 경지나 느낌이야 어떻든 중요한 것은 눈앞에 나타나는 하늘은 텅 비어 있고, 바다는 드넓어져서 모든 존재나 이치(萬法)가 하나같이 하나같아지고 평등해지느냐(如如), 그렇지 못하느냐 하는데 달려 있는 것이다.

그렇게 되고 나서야 바라던 바를 얻었다고 할 수가 있다. 성인에서 성인으로 서로 전하여 내려온 것은 되돌려 비추는 방법(反照)아닌 것이 없었다. 공자는 "지혜에 이른다[致知]"라고 말하였고, 석가세존은 "마음을 살핀다[觀心]"라고, 말하였고, 노자는 "안으로 살핀다[內觀]"라고 말하였는데, 그 모든 것이 결국 이 방법이었던 것이다.

☞

보통 사람은 태어나서 환경의 변화를 따라서 살아갈 뿐 늙기 전에 한 번도 그 변화를 거슬러 보지 못한다. 그렇기에 양(陽)한 기가 줄어들어 없어지니 끝없이 생사를 전전하며 윤회에서 벗어나지 못한다. 보통 배우는 사람은 오직 진실하고 헛됨이 없는 진리를 자세히 살피고, 숨을 가늘고 길면서, 부드럽게 쉬어야만 바른 깨달음을 이룰 수 있게 되는데, 그러한 것이 바로 거꾸로 거스르는 방법을 쓰는 것이라고 하였다.

음부경에서 이르길, "그 열쇠가 되는 기틀이 눈(目)에 있다"라고 하였고, 황제내경에서는 "사람의 몸에 있는 뛰어나고 훌륭한 광채(精華)는 모두가 위에 있는 텅 빈 구멍으로 올라가서 쏟아 부어진다"라고 말하였는데, 그 모든 것이 다 이러한 사정을 말하고 있는 것이라고 하였다. 곧바로 가리키지는 않았지만 위에 있는 텅 빈 구멍이란 정수리 숨골을 의미하는 듯하다.

태어날 때는 말랑말랑하다가 성장하면서 단단하게 되는데 세계 각 나라에서 깨달음을 얻은 성현들은 모두 양미간에 위치한 제 3의 눈과 정수리 숨골을 이야기한다. 그러므로 여조께서 말하기를, '이 한 구절을 알아듣고 몸으로 얻으면 오래도록 사는 사람도 이에서 나오고, 굴레를 벗고 뛰어넘어서 높은 세계로 올라가는 사람도 이에서 나온다.'고 하였다.

태을금화의 빛은 몸속에 있는 것도 아니고 몸 밖에 있는 것도 아니다. 산과 물과 땅과 해와 달이 모두 이 빛 아닌 것이 없으므로 오직 몸에만 있는 것이 아니겠으며, 총명함이나 지혜롭건 간에 모든 정신작용이 운행되고 전환되는 것이 모두 이 빛 아님이 없으므로 또한 몸 밖에만 있는 것도 아니라고 하였다.

몸속에 있다거나 몸 바깥에 있다고 생각하는 것은 공간을 한정하는 것이다. 여기에 있고 저기에 없다면 그것은 생멸의 법을 지닌 것이다. 또한 어제는 있었고 오늘은 소멸되었다면 그것도 또한 생멸의 법이다. 생멸의 법은 참된 자리라고 할 수 없다. 늘 변해 가는 까닭이다. 그러므로 태을금화란 여기에 있다거나 혹은 저기에 있다고 말할 수 없으며, 어제는 있었고 오늘은 없다고 할 수도 없다.

태을금화의 빛으로 인해 산과 강, 해와 달이 나타날 수 있으니 밖에 있다고도 할 수 있지만 우리가 총명하고 지혜로우며 눈으로 보고 귀로 들을 수 있는 것이 모두 태을금화의 빛 때문이니 안에도 있는 것이다. 이처럼 밖에도 있고 안에도 있는 것은 안팎이 없이 존재한다.

태을금화의 빛은 삼천대천세계에 두루 퍼져 있으며, 사람의 몸에도 역시 빛으로 가득하여 한번 돌리면(回光), 하늘과 땅과 산과 물 모든 것이 모두 함께 도는 것이다. 즉 우리가 곧 세상이고 세상이 곧 우리인데도 그것을 알지 못함은 나와 너라는 아상과 인상에 길들여져 있기 때문이다. 만일 세상이 곧 나라면 따로 생각을 지을 필요가 없음을 안다. 열 손가락이 전부 내 손가락이라면 어떤 손가락을 예뻐하고 어떤 손가락을 미워하겠는가,

왼손을 다쳐 오른손으로 치료했다고 해서 훌륭한 오른손이라고 추켜세우지도 않을 것이다. 온통 내 몸이기 때문이다. 인간이 고통의 늪에서 벗어나지 못함은 세상이 곧 나라는 사실을 도외시하고 나와 다른 너를 통해 세상을 바라보기 때문이다. 그래서 이것과 저것을 비교하면서 취하고 버리려는 의도를 지닌 탓으로 성취와 좌절을 겪는 것이 고통이다.

우리가 마음을 닦고 배우면서 무아를 터득하고자 하는 것은 남는 시간을 때우기 위해서도 아니며, 죽지 않고 사는 법을 배우려는 것도 아니다. 오직 인간의 번뇌와 고통을 벗어

나 영원히 번뇌 없는 평안을 이루고자 하는 것이리라. 그것이 모든 인류의 숙원이며 우리가 풀어야 할 영원한 수수께끼일 것이다.

왜냐하면 마음만 가라앉으면 어떤 경계나 환경이 주어져도 만족할 수 있다. 그러나 마음이 들뜨고 산만하다면 아무리 좋은 환경일지라도 식상해 버리고 늘 새로움을 희구할 것이다. 무언지도 모를 무언가를 향해 끝없이 달려야 한다면 그것은 고통이다. 더구나 지금은 좋은 주변 환경을 이룬다 해도 매번 좋게 태어날 수만은 없다. 잘못된 습성에 물이 들면 지옥의 고통을 겪으며 축생의 몸을 받기도 한다는 것은 끝없는 고통이 아닐 수 없다.

사람의 빛은 위로 눈(目)에 모여드니 이것이 바로 사람의 몸에 있어서의 큰 열쇠가 되는 사실이다. 그러므로 그대들은 이 사실을 깊이 생각하라고 하였으며, 그러기 위해서는 변화와 움직임을 여의고, 조용히 앉아 있어야 한다고 하였다. 그렇지 않으면 이 빛이 여기저기로 흘러 돌아다닐 테니 어느 곳을 막아서 그치게 할 것이냐고 묻는다.

모든 가르침은 결국 변화와 움직임을 여의고 조용하라(靜)는 것으로 돌아오니, 참으로 보통 사람의 생각으로는 미처 이루어 헤아릴 수 없는 것이 바로 이 묘한 진리(妙諦)인 것이라고 하였다. 비록 그렇더라도 배우고 익히는 마음공부의 길로 처음 들어섬에 있어서는 얕은 곳에서부터 깊은 곳으로 들어가고, 거친 곳에서부터 세밀한 곳으로 들어간다.

끊어짐 없이 계속하는 것을 훌륭하다고 하며, 끊임이 없으면 묘한 보람이 저절로 생겨나게 마련이다. 그렇기에 배우고 익히는 일은 처음부터 끝까지 한결같은 하나(一)라는 글자에 달려 있다. 다만 그렇게 꿋꿋하게 이 하나를 지켜 내고 있노라면 저절로 차가운 느낌도 오고, 더운 느낌도 겪게 된다고 하였다.

무언가 닿임이 있어서 차갑고 더운 느낌을 아는 것이 아니라 의지함 없이 존재하는 그 마음으로 하여금 느낌을 아는 것이다. 가령 레몬을 생각하면 입에 침이 고이는데 레몬을 본 것도 아니고 먹은 것도 아니지만 생각만으로 몸은 반응한다.

몸이 만약 실체적 진실이라면 생각만으로 반응하지는 말아야 한다. 그러나 몸이라 이처럼 허상에 불과할 뿐이기에 연출된 영상을 통해서 거짓임을 알면서도 희로애락을 느끼게 된다. 그렇기에 차거나 더운 느낌도 조건이 주어짐 없이 느낄 수 있으며, 그러한 것이 어떻든 간에 중요한 점은 모든 만상의 이치가 하나 같아지고 평등해지는가, 그렇지 못한가에 달려 있다는 것이다.

만일 하나 같아지고 모든 것이 평등한 도리를 깨달았다면 비로소 바라던 바를 얻었다고 할 수가 있다. 따라서 성인에서 성인으로 서로 전하여 내려온 것은 오로지 되돌려 비추는 방법(反照)아닌 것이 없었다는 것이다. 그러므로 공자, 석가 노자가 말한 바는 결국 이 방법뿐이었던 것이라고 하였다.

🌰🌰

다만 되돌려 비춘다(反照)는 용어를 사람마다 말로는 할 수 있지만 그렇게 되기를 바라서 실제로 얻지를 못한다면, 이 용어의 뜻을 참으로 알았다고는 할 수가 없을 것이다. 되돌린다(反照)는 것은 보통 사람으로서 가지고 있으면서 대상을 알고 깨닫는 능력(知覺)이 되는 마음 상태로부터 육신의 모습(形)과 그 신(神)이 아직 드러나기 이전인 사람으로서의 최초의 상태로 되돌아가는 것이다.

다시 말하면 나의 이 여섯 자밖에 안 되는 육신 가운데에서 하늘과 땅이 아직 생겨나기 이전의 본바탕을 되찾는다는 뜻이다. 오늘날의 사람들은 단지 한두 시간 일 없이 앉아서 자기만이 무엇인가를 눈여겨보고는 곧 "되돌려 비추었다(反照)"고 말하는 경우가 많은데, 그렇게 하여서야 어찌 첫머리

시작이 되었던 곳에든 꼭대기 높은 곳에든 이르러 낼 수가
있겠는가,

불교나 도교의 조사들이 사람들에게 "코끝을 보아라[看鼻
尖]"고 가르치는 것은 생각을 코끝에 매어 두라는 말도 아니
고, 눈으로 코끝을 보면서 생각은 또한 단전(丹田.中黃)에 쏟
아 부으라는 말도 아니다. 눈길이 이르는 곳에는 마음이 또
한 이르고 마음이 이르는 곳에는 기氣도 또한 이른다. 어찌
하나는 위에 있고 하나는 아래에 있게 할 수가 있으며 또한
순간적으로 위에 있다가 순간적으로 아래에 있다가 할 수가
있겠는가,

결국 이 말은 손가락으로 달을 가리키는 것과 같은 것인
데, 사람들이 제대로 알지 못하고서 손가락을 달이라고 잘못
알아듣는 것과 같은 사정이다. 그렇다면 결국 어떻게 하라는
말인가, 코끝(鼻端)이라는 용어가 가장 그 뜻이 묘하다. 이
용어는 코를 가지고 눈길을 잡는 가늠쇠로 삼고 있음에 지
나지 않는 것이다. 처음 배우고 익히는 사람이 눈길을 코끝
가운데에 두지 않고 눈을 크게 뜨면 먼 곳을 보게 되어 코
를 보지 않게 되며, 눈을 너무 감으면 눈꺼풀이 붙어 버려서
역시 코를 보지 않게 된다.

눈을 크게 뜨면 눈빛이 바깥으로 달아나서 잃게 되어 쉽

게 흩어지고 어지러워지며, 너무 감으면 눈빛이 안으로 달아나서 잃게 되며 쉽게 잠이 들어 어둠 속으로 가라앉게 된다. 오직 발을 내려서 가려 놓은 듯한(垂簾) 상태만이 옳은 방법에 맞는 것인데, 그렇게 하자면 마치 코끝을 물끄러미 바라보듯이 해야 한다. 그러므로 코끝을 물끄러미 바라보는 것으로써 가늠쇠를 삼은 것이다.

이 "발을 내려서 가려 놓은 듯함(垂簾수렴)"이란 상태는 마치 햇볕이 자연스럽게 발을 뚫고 들어오는 상태이지 애써 그것을 내려 쬐게 하거나, 내려 쬐지 않게 하는 것이 아니다. 코끝을 본다(看鼻端)는 것은 제일 처음으로 변화와 움직임을 여의고 조용함(靜)을 배우고 익히고자 하는 경우에 눈길을 모아서 그곳을 한번 보라는 것이다. 가늠쇠로서의 자리가 확실하게 잡히고 나면 저절로 이루어지도록 내버려 두어야 한다.

마치 니수泥水에 사는 훌륭한 목수가 줄을 이용하여 일을 하는 것과 같은데, 처음 시작할 때에 한 번 줄을 써서 좌우를 분명하게 갈라놓고는 끝마칠 때까지 그에 따라서 일을 해 나가는 것이지, 계속해서 줄을 잡고 좌우를 번번이 맞추어 가면서 일을 하는 것이 아닌 것과 같다.

☞

여조사 이르시길, 되돌려 비춘다(反照)는 것은 모든 사람들이 지니고 있는 것처럼, 대상을 지각(知覺)하는 마음과 육신의 모습(形)과 그 정신神이 아직 드러나기 이전인 사람으로서의 최초의 상태로 되돌아가는 것이다. 다시 말하면 나의 육신 가운데에서 하늘과 땅이 아직 생겨나기 이전의 본바탕을 되찾는다는 뜻이라고 하였다.

그렇다면 내 육신에 거하고 있는 정신의 마음인 본성이 존재한다는 의미이다. 본성은 육신을 따라 소멸되지 말아야 새로운 육신으로 갈아입는 것이 가능하다. 우리가 육신은 바뀌어도 업의 영향을 받기 때문에 육신이 소멸된다 해도 영원히 사라지는 것이 아님을 알고 있다. 따라서 우리는 육신이 존재하는 상태와 육신이 없는 상태, 그 모두에 존재하고 있다.

육신이 있으면 오관을 통해 여러 감각을 느낄 수 있지만 육신이 없는 상태에서는 오관으로 나타나는 감각이 없으므로 감정과 느낌, 생각 등을 느낄 수 없다. 그렇다고 아무 것도 없다면 무언가가 존재한다고 말할 수는 없을 것이다. 예를 들어 귀는 소리를 듣지만 소리 없음도 듣고 있기에 소리가 있고 없음을 안다.

박수를 치면 움직이는 인형이 있다고 할 때 인형은 박수 소리가 나면 움직이다가 소리가 없으면 멈춘다. 소리가 있고 없음을 알아차리는 센서가 동작되기 때문이다. 그러나 전원이 없는 상태에서는 센서도 멈추어 동작하지 못한다. 이와 같이 귀가 소리를 들을 수 있고 소리 없음도 듣는다는 것은 센서가 동작된다는 의미이다.

그러한 센서는 항상 전원이 켜진 상태로 존재해야 하므로 언제나 깨어 있어야 한다. 그것이 우리들 성품이다. 늘 변함 없이 켜진 상태로 존재하기에 잠들어도 맥박과 호흡이 일어나고, 깊이 잠들어 의식이 없는 상태에서도 편한 상태를 유지하기 위해 몸을 뒤척일 수 있다.

우리는 늘 성품과 잠시도 떨어져 산 적이 없다. 그렇기에 상대방을 대하는 내 마음이 어떤지를 낱낱이 알고 남들에게 거짓을 말하고 있음도 안다. 그래서 세상사람 전부를 속일 순 있어도 나를 속일 수는 없다. 만일 나까지 속일 수 있다면 그것은 거짓이 아닌 진실이 될 것이다.

그러나 그것이 불가능한 것은 언제 어느 때건 내면의 모든 것을 지켜보는 성품이 존재하는 까닭이다. 자신이 지금 불행하고 힘들며 고통스럽다는 것을 알고, 기쁘고 행복하고 즐겁다는 상태를 전부 알아차리는 것은 성품이 스스로 알아차리기 때문이다. 성품은 어딘가에 의지하여 존재하는 것이 아니므로 육신이 있든 없든 관계없이 존재할 수 있다. 그것은 곧 생각이나 마음을 통해서는 닿을 수 없다는 의미이다.

만일 성품을 내가 생각한 대로, 내가 마음먹은 대로 움직일 수 있다면 보기 싫은 사람을 안 보기 위해 고개를 돌릴 필요도 없다. 눈을 떠도 보이지 않도록 하면 된다. 그러나 그것은 불가능한 일이다. 성품은 태양이 온 누리에 빛을 비추듯 모두를 평등하게 골고루 비추기 때문에 싫은 사람이라면 마주치지 않도록 피해야 하고, 듣기 싫은 소리는 귀를 막아야 한다.

이처럼 평등한 성품을 지녔기에 기쁨도 알고 슬픔도 안다. 정말 곧 죽을 만큼 힘든 사람도 자신이 곧 죽을 것처럼 힘들다는 것을 아는 것은 마음으로 행하는 바가 아니다. 마음은 그처럼 위중한 순간에는 어떠한 생각조차 일으키기 힘든 까닭이다. 이와 같이 우리들 내면을 낱낱이 비추고 있는 성품을 모른 척하고 산다는 것은 삶을 헛살고 있는 것이다.

여조께서는 빛을 돌이켜 그것을 끊어짐 없이 놓치지 말고 보라고 말한다. 공자 석가 노자와 같은 성인들이 한결같이 말씀하신 바가 곧 되돌려 비춘다(反照)는 것이다. 혹 불교나 도교의 조사들이 사람들에게 "코끝을 보라."고 가르치는 것은 생각을 코끝에 매어 두라는 말도 아니고, 눈으로 코끝을 보면서 생각은 또한 단전(丹田.中黃)에 쏟아 부으라는 말도 아니라고 하였다.

눈길 가는 곳에 마음이 따라가고, 마음이 가는 곳에는 기氣도 또한 이른다. 어찌 하나는 위에 있고 하나는 아래에 있게 할 수가 있으며, 또한 순간적으로 위에 있다가 순간적으로 아래에 있다가 할 수가 있겠느냐고 묻는다. 즉 눈길 따로 있고 마음 따로 있고 기氣 따로 있는 것이 아니라 함께 움직이며 동행하는 것이다.

성품도 마음과 함께 움직이지만 속성을 달리하므로 알아차릴 수 있다. 마음은 과거와 미래를 기반하므로 좋고 나쁨을 분간하며 취하고 버리는 의도를 지닌다. 예를 들어 물방울이 하늘에서 쏟아지는 것이 눈에 비치는 것은 생각이다. 생각은 좋고 나쁨을 가늠하지 않는다.

그런데 그러한 생각을 통해 생각의 모양을 짓게 된다. 비에 젖어 춥고 떨리던 기억을 떠올리며 우산을 찾게 된다. 우산을 구해 비에 젖지 않으면 좋고, 우산을 구하지 못해 비를 맞으면서 집에 돌아오면 나쁜 것이다. 이와 같이 생각의 모양은 비 맞기 싫어하는 뜻을 지녔기에 비를 맞게 되면 고통을 느끼게 된다. 그래서 마음은 고통을 수반하지만 성품은 뜻을 일으키지 않으므로 좋고 나쁨이 없이 환경에 순응한다.

여조께서 이르길, 코끝을 보라는 것이 아닌데도 사람들이 제대로 알지 못하고서 손가락을 달이라고 잘못 알아듣는 것과 같다고 하였다. 처음 배우고 익히는 사람이 눈길을 코끝에 두지 않고 눈을 크게 뜨면 먼 곳을 보게 되어 코를 보지 않게 되며, 눈을 너무 감으면 눈꺼풀이 붙어 버려서 역시 코를 보지 않게 된다고 하였다.

즉 눈을 크게 뜨면 눈빛이 바깥으로 달아나서 쉽게 흩어지고 어지러워지며, 너무 감으면 눈빛이 안으로 달아나서 쉽게 잠이 들어 어둠 속으로 가라앉게 되므로 코끝을 보라고 말한 것이라고 한다. 마치 보일 듯 말듯 대나무 발을 가려 놓은 듯한 상태가 옳은 방법이라는 것이다.

명상이란 말은 어두울 명(冥)자를 쓴다. 아마도 눈을 반쯤 감은 상태를 표현한 뜻인 듯싶다. 크게 눈을 뜨면 바깥일에 마음이 갈 것이고 아예 감으면 과거의 기억 속으로 빠져들 수 있다. 그래서 반 정도 뜨면 어디에도 붙들리지 않으므로 그 상태에서 코끝을 본다는 것이다.

그렇게 되면 변화와 움직임을 여의고 조용함을 배우고 익히고자 하는 경우에 눈길을 한 점에 모아서 집중할 수 있다. 그런 연후에 자리가 확실하게 잡히고 나면 저절로 이루어지도록 내버려 두어야 한다고 하였다.

그리고 이어 말씀하시길, 마치 니수泥水에 사는 목수가 줄을 이용하여 일을 하는 것과 같은데, 처음 시작할 때에 한 번 줄을 써서 좌우를 분명하게 갈라놓고는 끝마칠 때까지 그에 따라서 일을 해 나가는 것이지, 계속해서 줄을 잡고 좌우를 번번이 맞추어 가면서 일을 하는 것이 아닌 것과 같다고 하였다.

니수란 진흙탕에서 일하는 목수인 듯하다. 진흙탕에서는 왔다 갔다 하기 힘드니 줄을 매어 놓고 일한다고 하였다. 그 말은 거미가 집을 지을 때는 맨 처음 줄 놓기가 힘들다. 그러나 처음 줄을 놓게 되면 그 줄을 타고 이리저리 움직이면서 집을 짓게 된다. 공부하는 사람도 처음 자세를 잡고 명상에 들기가 힘들지만 처음에 바른 자세로 자리를 잡게 되면 그 다음부터는 쉽다는 말을 전하려는 듯하다.

🏺🏺

"헛된 모든 생각을 그치고(止) 비추어 살핀다(觀)"는 것은 불교의 가르침인데 원래는 비밀스러운 것이 아니었다. 뜻을 부어 가면서 두 눈으로 코끝을 살피듯이 보며 몸을 바르게 하여 편안하게 앉아서 마음을 이끌어다가 연중緣中이라는 곳에다가 매어 두는 것이다.

도가에서는 단전 즉 중황이라고 하는 것을 불가에서는 연중이라고 하지만 결국 같은 하나이다. 그리고 반드시 머리의 가운데에다가 생각을 매어 두어야 한다고 말할 필요는 없고, 다만 두 눈의 가운데 미간으로서 편편한 곳인 이른바 선천 조규라는 곳에다가 생각(念)을 매어 두면 되는 것이다. 빛은 살아서 펄펄 뛰는 듯이 힘찬 물건이라서 생각(念)을 두 눈 사이의 편편한 곳, 즉 조규[미간,제3의눈]에다가 매어 두면 빛 이 저절로 그곳으로 뚫고 들어간다.

반드시 뜻을 머리의 한가운데인 어떤 장소에다가 달라붙어 있게 하지 않아도 된다. 이상의 몇 마디 말로써 모든 중요한 방법과 요령을 이미 모두 다 말하여 버렸다. 그 나머지 변화와 움직임을 여의고 조용함(靜)에 들어가고, 그로부터 나오는 요령과 그러한 요령에 앞서서 해야 하는 일과 그 뒤에 해야 하는 일들은 아래의 헛된 모든 생각을 그치고(止) 비추어 살핌(觀)에 대한 짤막한 글을 맞추어 봄으로써 증명해 낼 수 있을 것이다.

연중緣中이라는 용어의 뜻이 지극히 묘하다. 中이라는 뜻 속에는 없는 것이 없다. 이 세계를 천 곱에 천 곱에 천 곱을 한 그 많은 세계가 모두 그 안에 들어갈 수 있다. 완벽하지는 못하지만 사람뿐만 아니라 우주 자연의 운행 변화의 기틀(造化之機)이 이를 말미암아 질서 있게 제자리를 잡게 된다는 이치를 가르치는 용어인 것이다.

연緣이라는 용어는 이로 말미암아 무엇인가 이루어지게 되는 실마리 또는 인연이라는 뜻이며, 확실하게 어느 하나의 사실만을 내용으로 담고 있는 것이 아니다. 이 中이라는 용어와 緣이라는 용어의 뜻은 매우 걷잡을 수 없도록 살아 움직이는 것이고, 매우 알아내기 힘든 것이지만 깨닫고 보면 참으로 훌륭하게 사용한 용어이다.

"헛된 모든 생각을 그친다[止)"는 뜻과 "비추어 살핀다(觀)"는 뜻은 각각 용어의 뜻은 다르지만, 그에 따라서 배우고 익히는 경우의 실제에 있어서는 본래 따로 떨어져서 이루어지는 것이 아니다. 다시 말하면 마음을 흐트러짐 없이 한곳에 머물러서(定) 슬기의 빛으로 조용히 비추고 있는(慧) 것이다. 이러한 경지가 이루어진 뒤에는 어떠한 생각이 일어나더라도 구태여 지난날처럼 다리를 틀고 오롯이 앉을 필요는 없게 된다.

마땅히 이 생각(念)이라는 것이 "어떠한 곳에 들어 있는가," 혹은 "어디에 가서 사라지는가," 하는 문제를 붙들고 거듭거듭 끝까지 헤치고 들어가 봐야 하지만 마침내 그러한 곳을 붙잡아 낼 수는 없고, 다만 그 자체로써 이 생각(念)이라는 것이 일어나는 곳을 보게 되는 것이다.

또한 이 생각(念)이라는 것이 일어나는 그곳에 관하여 이러쿵저러쿵 토론할 필요도 없으니, 이른바 마음을 찾는다는 일(覓心)도 깨닫고 보면 본래 그렇게 될 수밖에 없었던 일이었음을 알게 되는 것이다. 나와 너 즉 주관과 객관의 마음이 안정된 상태 이것이 곧 비추어 살핌을 바르게 하는 일(正觀)이고, 이러한 이치에 어긋나는 것은 곧 비추어 살피는 마음과 그 대상이 서로 맞지 않는 것을, 비추어 살핌을 바르게 하지 못하는 것(邪觀)이라고 부른다.

이러한 상태로 되는 일은 그렇게 되고자 노력하여 그렇게 되는 것이 아니고, 다만 처음 배우고 익힘을 시작하였던 때의 상태를 그대로 계속해서 끊어짐 없이 이어나가면 이루어지는 것이다. 헛된 생각을 그치고(止) 그것을 끊임없이 이어나가면, 비추어 살피는(觀) 경지가 이루어지고, 비추어 살피는 경지에 이르러서(觀) 그것을 끊임없이 이어나가면 헛된 모든 생각이 그쳐지게(止) 된다.

이러한 이치가 곧 "마음을 흐트러짐 없이 한곳에 머물러서(定) 슬기의 빛이 조용히 비치게 함(慧)을 함께 닦는다.(慧修)"는 가르침이 된다. 이것을 다시 말하면, "빛을 돌린다.(回光)"는 것이 되는데 돌린다[回]는 것은 헛된 모든 생각을 그친다(止)는 것과 같은 내용이고, 빛(光)이라는 것은 비추어 살핀다(觀)는 것과 같은 내용이다.

생각을 그쳤다고 하는데(止) 비추어 살핌이 되지 않으면, 돌리는 일(回)은 하고 있으나 빛(光)이 없다고 말하고, 비추어 살피는 일(觀)은 하고 있으나 헛된 생각이 그쳐지지(止) 않았으면 빛(光)은 있으나 돌리는 일(回)은 없다고 말한다. 잘 알아두기 바란다.

☞

여조사는 이르길, "헛된 모든 생각을 그치고(止) 비추어 살핀다(觀)"는 것은 불교의 가르침인데 원래는 비밀스러운 것이 아니었다고 하였다. 붓다께서 말씀하신 세 가지 수행법이란 사마디, 삼마발제, 선나이다. 사마디란 삼매라고 하며 마음을 한 곳에 집중함으로써 이리저리 흩어지는 마음을 그치는 수행법이며, 삼마발제란 세상이 허공꽃처럼 생겨났고 꿈같은 것을 관하는 수행이며, 선나란 모든 것을 내려놓는 수행을 말한다.

이러한 지관수행법이 크게 비밀스런 가르침은 아니지만 자신에게 맞는 것을 택해야 하므로 남에게 맞는 것이 내게도 맞는다고 할 수는 없을 것이다. 붓다는 제자들의 근기에 맞춰 일일이 다른 수행법을 권하기도 했으니 아마도 그것을 가리켜 비밀스럽다고 한 듯하다.

이어서 말씀하시길, 빛은 살아서 펄펄 뛰는 듯이 힘찬 물건이라서 생각(念)을 두 눈 사이의 편편한 곳, 양 미간 사이에다가 매어 두면 빛이 저절로 그곳으로 뚫고 들어간다고 하였다. 만일 성품을 보게 되면 양 미간 사이가 늘 묵직함이 자리 잡게 되는데, 그것을 통해 지켜봄을 놓치지 않고 행할 수 있다. 그래서 더 이상 물러설 수 없는 불퇴전의 지위를 얻는다고도 말한다.

붓다는 이르길, 수행하는 사람으로서 결실을 맺으려면 두 가지를 살펴야 하는데 첫째는 윤회하는 원인을 스스로 짓고 있는 것은 아닌가를 살펴야 하고, 둘째는 인행 때의 마음이과 받을 적에 마음과 같은가 다른가를 살펴야 한다고 하였다. 윤회의 인과란 살생과 도적질과 음행이며, 그것을 갚기 위해 다시 목숨을 받아야 하는 까닭이다.

둘째의 인행 때의 마음이란 변함없이 한결같은 마음으로 인행 때의 마음을 삼아야 한다는 것이다. 만일 그렇지 못하고 생멸심만으로 수행을 하게 되면 결과를 이루지도 못하려니와 설령 결과를 이루었다 해도, 생멸하는 속성을 지녔으므로 깨달음도 마음이 일어날 때는 생겼다가 마음이 멸하면 깨달음도 소멸할 터이니 그것은 깨달음이 아니라고 하였다.

그래서인지는 몰라도 보살 십지에서 7지까지는 유위적인 수행을 통해 이룰 수 있지만 8지인 부동지부터는 행하고 닦

은 바 없는 무위로써 들어가야 하는 것이다. 유위적인 수행
이란 마음을 한 곳에 집중하면서 들뜨고 산만한 마음의 움
직임을 내려놓는 것이고, 그러기 위해서는 모든 것을 꿈처럼
환법처럼 일어난 세상임을 보아야 나와 내 것을 집착하는
마음이 가라앉게 된다. 그럼으로써 모든 것을 훌훌 털고 내
려놓을 수 있는 것이다.

사실 우리가 무언가를 행하는 그것은 본래 맑고 투명한
거울에 오점을 남길 뿐이다. 그러나 인간된 제약을 넘어서기
란 불가능하므로 아무 것도 행하지 않음은 가능치 않다. 그
래서 집중을 통해 마음을 한 점에 고정시킴으로써 삼매를
얻게 된다. 그러한 집중의 한 점을 여조사는 '두 눈 사이의
편편한 곳, 양 미간 사이에다가 생각을 매어 두면 빛이 저절
로 그곳으로 뚫고 들어간다.'고 하였다.

그리고 말씀하기를, "헛된 모든 생각을 그친다[止]"는 뜻
과 "비추어 살핀다(觀)"는 뜻은 각각 용어의 뜻은 다르지만,
그에 따라서 배우고 익히는 경우의 실제에 있어서는 본래
따로 떨어져서 이루어지는 것이 아니다. 다시 말하면 마음을
흐트러짐 없이 한곳에 머물러서(定) 슬기의 빛으로 조용히
비추고 있는(慧) 것이다. 이러한 경지가 이루어진 뒤에는 어
떠한 생각이 일어나더라도 구태여 지난날처럼 다리를 틀고
오롯이 앉을 필요는 없다고 하였다.

즉 집중과 주의력은 조금 다른 속성을 지녔는데 집중은 마음을 의식적으로 몰입하는 상태라면 주의력은 일부러 의식하는 상태가 아니다. 우리는 주의력이 항상 함께 하기에 대화를 하면서도 상대가 어떤 행동을 하는지를 알고, 내가 지금 무슨 의도로 상대방에게 이런 이야기를 하는지도 알고 있다. 또한 내 마음이 산만하고 들떠 있거나 조용하고 차분하게 가라앉았음도 아는 것이 주의력이다.

구태여 주의력을 행하지 않아도 주의력은 몸 전체로 흘러나온다. 집중하는 것은 그러한 주의력이 언제든 흘러나오고 있음을 분명하게 알게 해준다. 집중력을 통해 애쓰지 않아도 주의력이 몸 전체로 발산하고 있음을 알면 일정한 자세를 고집할 필요가 없다. 행주좌와 모든 곳에서 주의력을 놓치지 않으면 되기 때문이다. 그럼으로써 생각이 일어나고 사라지는 당처를 보게 되는 것이다.

또한 이 생각(念)이라는 것이 일어나는 그곳에 관하여 이러쿵저러쿵 토론할 필요도 없으니, 이른바 마음을 찾는다는 일(覓心)도 깨닫고 보면 본래 그렇게 될 수 없었던 일이었음을 알게 되는 것이라고 하였다. 여조사께서는 상당히 의미심장한 말씀을 전하고 있다.

달마대사는 이르길, "고통을 당하고 즐거움을 느끼는 것도 모두 인연에 따라 일어나는 것이다. 만약 우리가 부와 명성을 얻는 일을 만나더라도 그것은 과거에 우리가 뿌린 씨앗을 거두는 것일 뿐이다. 인연이 다하면 그것은 또 다시 무로 돌아간다. 그러니 기뻐할 것이 없다. 성공과 실패가 모두 인연을 따라 오는 것임을 안다면 그 사람은 더 이상 마음이 들뜨거나 낙심하는 일도 없다. 그러므로 마음의 동요가 없는 사람은 침묵 속에서 도를 따르게 된다."고 하였다.

여조사는 여기서 한 걸음 더 나아가 "마음을 찾는다는 일(覓心)도 깨닫고 보면 본래 그렇게 될 수 없었던 일이었음을 알게 되는 것"이라고 하였다. 즉 우리는 과거의 업력으로 인해 강물에 비친 달처럼 존재하고 있다. 우리가 생각하고 마음을 내고 욕망과 분노를 일으키는 것들은 그것을 알지 못한 탓으로 행할 뿐이다.

마치 거울에 영상이 비추면 거울은 어떤 사심도 없이 그것을 비춘다. 그것이 우리들 마음이다. 우리가 스스로 행한다고 생각하지만 실제로는 거울처럼 영상을 비추고 있다. 거기에는 좋고 나쁨, 내 맘에 들고 안 들고가 없는데도 우리는 그렇게 하고 있다. 그래서 무명의 존재라고 말하는 것이다.

무명을 벗어남이 곧 깨달음이며 태을종지가 가리키는 황금의 빛이다. 세상은 사실 그것뿐이다. 다른 무엇이 있을 수 있겠는가, 모든 것이 부수어 사라지면 결국 허공으로 돌아가야 하는 허망한 인연의 결합인 까닭이다. 그러나 황금의 빛은 인연의 결합으로 생겨난 것이 아니며 어딘가를 의지해서 존재하는 것도 아니므로 스스로 존재한다.

스스로 존재하는 것은 잡됨이 섞이지 않았기에 생겨남도 없고 소멸됨도 없이 언제나 늘 그대로이다. 그것이 우리들이며 우리 마음이다. 그런데도 그것을 알지 못해 원하는 바를 이루지 못해 괴로워하고, 원치 않는 것을 떨치지 못한 고통으로 하루도 맘 편할 날이 없다. 육신은 하루가 멀다 하고 노쇠해지고 마음은 바라고 욕구하는 바가 어찌나 많은지 밑 빠진 항아리와 같다.

여조사는 누가 묶어서 구속한 것도 아닌데 스스로 밧줄로 자신을 얽어매고 있는 우리에게 자유를 주고 있다. "마음을 찾는다는 일(覓心)도 깨닫고 보면 본래 그렇게 될 수 없었던 일이었음을 알게 되는 것"이라고 하면서...

그러한 말씀을 통해 즉각적으로 마음이 안정된 상태를 이루면 이것이 곧 비추어 살핌을 바르게 하는 일(正觀)이고, 이러한 이치에 어긋나는 것은 비추어 살핌을 바르게 하지 못하는 것(邪觀)이라고 부른다고 하였다.

마음이 안정되는 상태로 되는 일은 그렇게 되고자 노력하여 그렇게 되는 것이 아니고, 다만 처음 배우고 익힘을 시작하였던 때의 상태를 그대로 계속해서 끊어짐 없이 이어나가면 이루어지는 것이다. 헛된 생각을 그치고(止) 그것을 끊임없이 이어나가면, 비추어 살피는(觀) 경지가 이루어지고, 비추어 살피는 경지에 이르러서(觀) 그것을 끊임없이 이어나가면 헛된 모든 생각이 그쳐지게(止) 된다고 하였다.

이런 이야기가 있다. 어떤 사람이 자신의 귀에 파리가 들어가서 밤낮없이 윙윙거리는 탓에 현자를 찾아왔다. 현자가 귀를 살펴보았으나 특별한 이상을 발견할 수는 없었다. 현자는 밖에 나가 파리를 두 마리 잡아서 봉지에 넣고 들어왔다. 그리고는 그 사람 귀에 대고 이렇게 말했다. 당신의 귀에 들어 있던 파리를 내가 잡았으니 보라고 하였다. 그는 파리를 보자 현자에게 감사의 인사를 표하고 왔는데 다시는 귀에서 윙윙거리는 소리를 들을 수 없었다.

달마대사가 중국으로 건너온 후로 법맥을 이은 조사들은 모두가 이렇게 법을 전해 받은 것이다. 무언가 있어서 얻을 바가 있다면 그는 아직도 세상이 무아와 무상의 기둥으로 건립되었음을 알지 못하는 어리석음을 행할 뿐이다.

이것을 다시 말하면, "빛을 돌린다.(回光)"는 것이 되는데 돌린다[回]는 것은 헛된 모든 생각을 그친다(止)는 것과 같은 내용이고, 빛(光)이라는 것은 비추어 살핀다(觀)는 것과 같은 내용이다. 생각을 그쳤다고 하는데(止) 비추어 살핌이 되지 않으면, 돌리는 일(回)은 하고 있으나 빛(光)이 없다고 말하고, 비추어 살피는 일(觀)은 하고 있으나 헛된 생각이 그쳐지지(止) 않았으면 빛(光)은 있으나 돌리는 일(回)은 없다고 말한다. 잘 알아두기 바란다고 말씀하였다.

제 4장 빛을 돌게 하고 숨을 고른다
回光調息第四

呂祖曰。宗旨只要純心行去。不求驗而驗自至。大約初機病痛。昏沈散
亂。二種盡之。卻此有機竅。無過寄心於息。息者自心也。自心為息心。
一動而即有氣。氣本心之化也。吾人念至。速霎頃。一妄念即一呼吸應
之。故內呼吸與外呼吸如聲響之相隨。一日有幾萬息。即有幾萬妄念。神
明漏盡。如木槁灰死矣。然則欲無念乎。不能無念也。欲無息乎。不能無
息也。莫若即其病而為藥。則心息相依是已。故回光必兼之調息。此法全
用耳光。一是目光。一是耳光。目光者。外日月交光也。耳光者。內日月
交精也。然精即光之凝定處。同出而異名也。故聰明總一靈光而已。坐時
用目垂簾後。定個準則便放下。然竟放又恐不能。即存心聽息。息之出
入不可使耳聞聽。惟聽其無聲。一有聲即粗浮而不入細。即耐心輕輕微微
些。愈放愈微。愈微愈靜。久之忽然微者遽斷。此則真息現前而心體可識
矣。蓋心細則息細。心一則動氣也。息細則心細。氣一則動心也。定心必
先之養氣者。亦以心無處入手。故緣氣為之端倪。所謂純氣之守也。子輩
不明動字。動者以線索牽動言。即制字之別名也。既可以奔趨使之動。獨
不可以純靜使之寧乎。此大聖人視心氣之交。而善立方便以惠後人也。丹
書云。雞能抱卵心常聽。此要妙訣也。蓋雞之所以能生卵者。以暖氣也。
暖氣止能溫其殼。不能入其中。則以心引氣入。其聽也。一心注焉。心入
則氣入。得暖氣而生矣。故母雞雖有時出外。而常作側耳勢。其神之所注
未嘗少間也。神之所注未嘗少間。即暖氣亦晝夜無間。而神活矣。神活
者。由其心之先死也。人能死心。元神即活。死心非枯槁之謂。乃專一不
分之謂也。佛云。置心一處。無事不辦。心易走。即以氣純之。氣易粗。
即以心細之。如此而心焉有不定者乎。大約昏沈散亂二病。只要靜功日日
無間。自有大休息處。若不靜坐時。雖有散亂亦不自知。既知散亂即是散
亂之機也。昏沈而不知。與昏沈而知。相去奚啻千里。不知之昏沈真昏沈
也。知之昏沈非全昏沈也。清明在是矣。散亂者神馳也。昏沈者神未清

也。散亂易治。昏沈難醫。譬之病焉。有痛有癢者藥之可也。昏沈則麻木不仁之症也。散者可以收之。亂者可以整之。若昏沈則蠢蠢焉。冥冥焉。散亂尚有方所。至昏沉全是魄用事也。散亂尚有魄在。至昏沉則純陰為主矣。靜坐時欲睡去。便是昏沉。卻昏沉只在調息。息即口鼻出入之息。雖非真息而真息之出入亦於此寄焉。凡坐須要靜心純氣。心何以靜。用在息上。息之出入惟心自知。不可使耳聞。不聞即細。細則清。聞則氣粗。粗則濁。濁則昏沉而欲睡。自然之理也。雖然心用在息上。又要善會用。亦是不用之用。只要微微照聽可耳。何謂照。即眼光自照。目惟內視而不外視。不外視而惺然者即內視也。非實有內視。何謂聽。即耳光自聽。耳惟內聽而不外聽。不外聽而惺然者。即內聽也。非實有內聽。聽者聽其無聲。視者視其無形。目不外視。耳不外聽。則閉而欲內馳。惟內視內聽則又不內馳。而中不昏沉矣。此即日月交精交光也。昏沉欲睡。即起散步。神清再坐。清晨有暇坐一柱香為妙。過午人事多擾易落昏沉。然亦不必限定一柱香。只要諸緣放下。靜坐片時。久久便有入頭。不落昏睡矣。

呂祖께서는 다음과 같이 말씀하였다.

배우고 익힘에 있어서 가장 으뜸이며 핵심이 되는 내용은 다만 잡된 것이 섞이지 아니한 순수한 마음만으로 실천하여 나가는 것일 뿐이다. 여러 가지 효험이 일어나지만 그것은 얻으려고 하지 않아도 저절로 그렇게 일어나는 것이다. 크게 뭉뚱그려서 볼 때 처음 배우고 익히는 경우에 잘못을 저지르기 쉬운 것은 어둠 속으로 깊이 빠져 버려서 정신이 없게 되는 것(昏沈)과 이 생각 저 생각 걷잡을 수 없을 정도로 마음이 어지럽게 흐트러지는 것(散亂)의 두 가지라고 할 수 있다.

이러한 잘못을 물리치고 나면 하늘의 비밀을 열어 볼 수 있는 어떠한 구멍(竅)이 생기게 되는데, 그렇게 되기 위해서는 마음을 숨(息)에 함께 붙어 있도록 하는 수밖에 없다. 숨(息)이라는 것은 스스로의 마음이며 스스로의 마음은 숨(息)이 되고 있는 것이다. 마음이 한번 움직이면 곧 기氣가 생기게 되는데, 그 이유인즉 기氣라는 것은 본래 마음이 변화하여 이루어진 것이기 때문이다.

우리들 사람의 생각은 그 움직임이 지극히 빨라서 눈 깜짝할 사이에 하나의 헛된 생각(妄念)이 생겼다가 사라지는데, 그러는 과정에 한 번의 호흡이 그에 따라서 이루어지게 된다. 그러므로 속에서 일어나는 호흡(內呼吸)과 밖에서 일어나는 호흡(外呼吸)은 마치 사람의 목소리와 메아리가 서로 따르는 것과 같다.

결국 하루에 몇 만 번의 숨(息)을 쉬니, 그 자체로써 몇 만 번의 헛된 생각(妄念)을 일으키는 것이다. 그와 같이 흘러서 내면세계의 밝음을 유지하는 정신(神明)이 다 새어나가 버리면, 마치 나무가 죽어서 마르는 것과 같고 불 꺼진 재가 싸느랗게 식는 것과 같아진다.

그렇다고 생각(念)이 없어지기를 바라겠는가, 생각(念)을 없앨 수는 없다. 또한 숨(息)이 없어지기를 바라겠는가, 숨

(息)도 없앨 수는 없는 것이다. 이도 저도 아니라면 어떻게 하란 말인가, 결국 그러한 병을 일으키는 얼개 자체가 바로 약으로 될 수 있음을 알아서 그렇게 되도록 해야 하는 것이다. 다름 아니라 마음과 숨이 서로 붙어서 의존하는 일(心息相依)이 그것이다.

그러므로 빛을 돌리는 일(回光)은 반드시 숨을 고르는 일(調息)과 함께하지 않으면 안 되는데, 그 방법은 처음부터 끝까지 귀의 빛(耳光)이라는 방법을 이용하는 것이다. 빛을 이용하는 방법에는 두 가지가 있는데 하나는 눈의 빛(目光)이라는 방법이고, 또 하나는 귀의 빛(耳光)이라는 방법이다. 눈의 빛(目光)이라는 것은 바깥에 접해 있는 해와 달이 그 빛을 서로 어우르는 것이고, 귀의 빛(耳光)이라는 것은 속에 있는 해와 달이 그 정精을 서로 어우르는 것이다.

그런데 정精이라는 것을 다시 말하면 빛(光)이 엉겨서 한 곳에 머물러 있는 장소이고, 같은 뜻인데 이름만 다를 뿐이다. 그러므로 귀로는 잘 듣고(聰) 눈으로는 잘 보는(明) 것을 통틀어 그 모두가 하나의 신령한 빛에 지나지 않는다. 배우고 익힘에 들어 자세를 잡고 앉을 때에는 눈을 가늘게 내려 떠서 마치 대나무 발垂簾을 내린 것과 같은 상태로 되는데, 그런 뒤에는 눈길을 코끝에다 맞추어 놓고 그 상태를 그대로 지켜 낼 수 있게 되면 모든 긴장과 의식을 풀어서 억지스러운 요소들을 모두 내려놓는다.

그러나 모든 것을 내려놓는 일을 끝까지 지켜 낼 수 없을지도 모르기 때문에 마음을 모아서 끊어지지 않게 하면서 숨(息)의 소리를 듣게 되는 것이다. 숨의 들고 나는 소리가 귀에 들려서는 아니 되는 것이 배우고 익히는 요령이니 여기에서 숨(息)의 소리를 듣는다는 것은 그 소리 없는 소리를 듣는 것을 가리킨다. 한 번 소리가 나게 되면, 그 숨은 거칠고 들떠 있는 것이라서 가늘어질 수가 없다.

그러니 마음을 잘 참아 내면서 숨을 가볍고 가벼우며 알 듯 모를 듯하게 하여, 시간이 지나면 지날수록 억지스러움을 다 내려놓고 더욱더욱 숨이 없는 듯 한 상태로 되며, 숨이 없는 듯 한 상태도 시간이 지남에 따라 더욱 깊어지고 더욱더욱 변화와 움직임을 여의고 조용한 상태로 되어야 한다. 그와 같이 오래도록 지켜 나가노라면 그 숨이 없는 듯한 상태조차도 갑자기 뚝 끊어진다.

이것이 곧 태어나기 이전 상태에서의 참된 숨(眞息)이라는 것이 눈앞에 이루어진 것이다. 마음과 몸이 그것을 알아차릴 수가 있다. 무릇 마음이 가늘게 되면, 숨도 가늘어지니 마음이 하나로 되면 氣을 움직이고, 숨이 가늘게 되면 마음도 가늘어지니 氣가 하나로 되면 마음을 움직이게 된다. 마음을 흐트러짐 없이 한곳에 머물게(定心) 하려면, 반드시 그보다 먼저 기를 길러야(養氣) 한다고 하는데, 그것도 역시 마음을 가지고는 처음으로 손을 대서 작할(入手)곳이 없으므로 기氣로 말미암아 그 실마리를 삼는 것이다. 이른바 잡된 것 없이 순수한 기(純氣)를 지켜 낸다는 것이다.

☞

여조께서 다음과 같이 말씀하였다.

배우고 익힘에 있어서 가장 핵심이 되는 내용은 다만 잡된 것이 섞이지 아니한 순수한 마음만으로 실천하여 나가는 것일 뿐이다. 여러 가지 효험이 일어나지만 그것은 얻으려고 하지 않아도 저절로 그렇게 일어나는 것이라고 하였다.

처음 배우고 익히는 경우에 잘못을 저지르기 쉬운 것은 어둠 속으로 깊이 빠져 버려서 정신이 없게 되는 혼침(昏沈)과 이 생각 저 생각 마음이 어지럽게 흐트러지는 산란(散亂)의 두 가지라고 할 수 있다. 이러한 잘못을 물리치고 나면 하늘의 비밀을 열어 볼 수 있는 어떠한 구멍(竅)이 생기게 되는데, 그렇게 되기 위해서는 마음을 숨(息)에 함께 붙어 있도록 하는 수밖에 없다고 하였다.

내면을 지켜봄에 있어 보고 듣는 눈과 귀를 따라 마음이 흘러 나가면 곧잘 지켜봄을 잃어버릴 수밖에 없다. 벽에 옷을 걸려면 작은 못이라도 튀어나와야 그것에 의지하여 옷을 걸 수 있다. 마찬가지로 지켜봄을 놓치지 않으려면 작은 못에 의지를 해야 하는데 그것이 호흡이다.

호흡은 잠시라도 행하지 않으면 안 되니 호흡에 지켜봄을 걸어 놓으면 깜빡 잊었다가도 이내 지켜봄을 되찾게 된다. 그러면 정수리 부근에서 임맥인 가슴 쪽으로 하단전까지 내쉬고, 다시 호흡이 멈추어진 곳을 살핀 후 들숨을 독맥인 등 척추를 통해 끌어올리듯 숨을 쉬면 기가 올라간다. 정수리 숨골에서 들숨이 멈춘 곳을 살핀 후 다시 날숨을 쉰다. 이처럼 거듭 반복하는 것이 오래되면 빛이 응결되기 시작하고, 기를 회전시키는 것이다.

옛사람들이 말한 기가 회전한다는 것은 호흡이 임맥과 독맥을 타고 회전함을 말하는 것이다. 배꼽 아래 단전에는 호흡을 굳이 내려 보내지 않아도 정수리 숨골로 호흡을 끌어올리면 저절로 단전으로 내려간다. 그러나 초학은 내쉬는 숨이 하단전까지 이를 수 있도록 지켜보아야 한다. 들숨과 날숨으로 기를 회전시키다 보면 맥박을 들을 수 있는데, 맥박을 타고 호흡이 일어나는 까닭이다.

또한 들숨과 날숨을 행하려면 멈추어진 두 곳의 정지 칸을 지나야 하는데 그곳을 놓치지 않고 지켜봄으로써 여조께서 말씀하신 하늘의 비밀을 열어 볼 수 있는 어떠한 구멍(竅)이 생긴다는 의미가 아닌가 싶다.

이렇게 기를 회전시키면 다른 잡생각에 빠져들지도 않고 깨어 있으므로 혼침과 산란에서도 벗어난다. 여조사는 이르길, 숨(息)이라는 것은 스스로의 마음이며 스스로의 마음은 숨(息)이 되고 있는 것이다. 마음이 한번 움직이면 곧 기(氣)가 생기는데, 그 이유인즉 기(氣)라는 것은 본래 마음이 변화하여 이루어진 것이기 때문이라고 하였다.

호흡을 마음이라고 표현하였는데 호흡과 맥박 이외에는 믿을 것이 없다. 육신도 결국 호흡과 맥박을 일으키기 위해 생겨난 것이다. 육신의 몸뚱이가 생기다보니 바깥 사물이 있어 그것을 보려고 눈이 생겨나고 소리가 있어 그것을 듣기 위해 귀가 뚫린 것이다.

호흡은 호흡만으로 존재할 순 없고 밀어 올리고 끌어내리는 힘이 있어야 하는데 그것이 맥박이다. 쿵쿵거리는 맥박의 힘을 따라서 호흡이 들숨과 날숨으로 순환된다. 그러므로 호흡과 맥박은 떼놓을 수 없는 한 몸으로 존재한다. 호흡과 맥박은 의식의 차원을 초월하여 존재하므로 잠들어도 순환되는 것은 생명으로 비롯되어 나타난 때문이며 마음도 그와 같다.

마음도 생명과 닿아 있으므로 깊은 잠에 들어 의식이 사라져도 꿈으로 생각을 나타나게 된다. 이렇게 따지고 보면 호흡이 곧 마음과 다를 바 없으니 사람이 하루에도 수만 번의 호흡을 하니 그렇게 많은 수효의 마음이 일어났다 꺼졌다를 반복한다는 의미이다.

그러므로 여조사는 이르길, 사람은 하루에 몇 만 번의 숨(息)을 쉬니, 그 자체로써 몇 만 번의 헛된 생각(妄念)을 일으키는 것과 같다고 하였다. 그와 같이 무수한 마음의 생멸을 거듭하다 보면 내면세계의 밝음을 유지하는 정신(神明)이 다 새어나가 버린다. 그것은 마치 나무가 죽어서 마르는 것과 같고 불 꺼진 재가 싸느랗게 식는 것과 같다고 한다.

우리가 황금의 원신을 잊고 산다면 업에 따라 눈을 깜빡이면서 이곳저곳을 왔다 갔다 하는 산송장에 불과할 뿐이다. 그렇다고 호흡을 따라 일어나는 생각을 없앨 수도 없는 노릇이고 숨을 쉬지 않을 수도 없다. 이도 저도 아니라면 어떻게 하란 말인가, 결국 마음과 숨이 붙어서 병을 일으킨다면 마음과 숨을 붙여서 황금의 빛을 돌리는 그것이 약이다.

그러므로 내면을 지켜보는 일은 반드시 숨을 고르는 일과 함께하지 않으면 안 되는데, 그 방법은 처음부터 끝까지 귀의 빛(耳光)이라는 방법을 이용하는 것이다. 빛을 이용하는 방법에는 두 가지가 있는데 하나는 눈의 빛과 귀의 빛이라는 방법이라 하였다.

지켜봄을 호흡에 붙여 놓았어도 틈만 나면 빠져 도망가기 일쑤라 눈에 사물이 비치고 귀에 소리가 들리면 생각이 일어나니 그때에도 지켜봄을 호흡에 붙여 둔 것처럼 이용한다는 의미일 것이다. 그렇게 함으로써 산만한 마음의 상태를 한 점에 집중시킴으로써 그 상태를 지켜낼 수 있게 되면 모든 긴장과 의식을 풀어서 인위적인 조작의 마음들을 모두 내려놓을 수 있다.

이와 같이 산만한 마음을 잘 참아 내면서 숨을 가볍게 하여 숨이 없는 듯한 상태가 더욱 깊어지고 고요한 상태로 되어야 한다. 그와 같이 오래도록 지켜 나가노라면 그 숨이 없는 듯한 상태조차도 갑자기 뚝 끊어진다. 이것이 곧 태어나기 이전 상태에서의 참된 숨(眞息)이라는 것이 눈앞에서 이루어진 것이라고 하였다.

🕴🕴

그대들은 "움직인다(動)"는 용어의 뜻을 밝게 알지 못하고 있는데 움직인다(動)는 것은 끈으로 묶어 당겨서 움직이게 한다는 말이니 결국 끌어당긴다는 용어의 다른 말에 해당한다. 바쁘게 달림으로써 그것을 움직이게(動)할 수 있다면, 잡된 것이 섞이지 않으며 순수하고 변화와 움직임을 여읨(靜)으로써 그것을 편안하게(寧) 하지 못할 이유가 없다. 이것이 바로 큰 성인들께서 마음과 기의 어울림을 살펴 가지고 그때그때 알맞게 사람을 가르치는 방법을 잘 세워서 뒷사람들에게 은혜를 베푼 곳이 된다.

단에 관한 책에서 "닭은 알을 품고서 마음으로 변함없이 알 속에서 나오는 소리를 들을 수 있다."고 말하고 있는데, 이것은 참으로 중요한 방법을 가르치는 것이다. 닭이 알을 깔 수 있는 까닭은 따뜻한 기운 때문이다. 따뜻한 기운은 다만 알껍데기만을 따뜻하게 함에 그치고 그 알 속으로 들어가지는 못하는데, 닭이 마음으로 그 기운을 이끌어서 그 속으로 들어가게 하는 것이다. 그렇게 하면서 속에서 나오는 소리를 듣는데, 그렇게 하기 위하여 한결같이 마음을 그곳에 쏟아 붓는다.

마음이 그 속으로 들어가면 기氣도 들어가게 되고 따뜻한 기운을 얻어서 알이 깨어져 나오는 것이다. 그러므로 암탉이 가끔씩 둥지 밖으로 나가는 경우가 있더라도 변함없이 알 속에서 나오는 소리에 귀를 기울이고 있어서 그 신神을 쏟아 붓는 바에는 조금도 틈이 생기지 않게 한다.

신神을 쏟아 붓는 바에 조금도 틈이 없게 하니 따뜻한 기운도 역시 밤이나 낮이나 틈이 없게 된다. 신(神)이 살아 있는 것이다. 신(神)이 살아나기 위해서는 먼저 그 마음이 죽어 버려야 한다. 사람이 마음을 죽여 버릴 수 있으면 그 자리에서 그 사람 전체를 주재(主宰)하는 가장 으뜸 된 신(元神)이 살아난다.

그런데 마음을 죽여 버린다는 것은 나무가 말라 죽듯 하는 것이 아니고, 그 마음을 오로지 하나로 모아서(專一) 나누어지지 않게 하는 것을 말한다. 부처께서는 "마음을 한곳에 놓아두고 무엇이든 일삼지 말고, 무엇을 어떻게 해보려고 하지 말라(置心一處. 無事不辨)"고 말하였다.

마음은 달아나기를 잘하므로 기(氣)로서 그것을 잡된 것이 섞이지 않고 순수하게 되도록 하며, 기(氣)는 거칠어지기를 잘하므로 마음으로써 그것을 가늘어 지게 한다. 이와 같이 하면 어찌 흩어짐이 없이 한곳에 머무르지(定) 않는 일이 있겠는가,

크게 묶어서 말하면 어둠 속으로 깊이 빠져 버려서 정신이 없게 되는 것(昏沈)과 이 생각 저 생각 걷잡을 수 없을 정도로 마음이 어지럽게 흐트러지는 것(散亂)이라는 두 가지 잘못이 있는데, 그 두 가지 잘못은 오직 변화와 움직임을 여의고 조용히 하는 일(靜功)에 의해서만 고쳐진다.

하루하루 끊어짐 없이 그 조용히 하는 일을 배우고 닦아 나가노라면 저절로 크게 쉴 곳이 있게 된다. 만약 변화와 움직임을 여의고 조용히 앉아 있음을 배우지 않는 경우라면 비록 이 생각 저 생각으로 걷잡을 수 없이 마음이 흐트러지더라도 스스로 알아차리지 못하게 된다.

☞

여조사는 이르길, "움직인다(動)."는 말은 끈으로 묶어서 당긴다는 말이라 하였다. 즉 바쁘게 달림으로써 그것(마음)을 움직이게 한다면, 잡된 것이 섞이지 않게 함으로써 변화와 움직임을 여의게 되면 그것(마음)을 편안하게 하지 못할 이유가 없다는 것이다. 번뇌란 것도 시간이 없고 조급한 때문에 생겨난다. 시간적 여유가 있고 기다릴 마음의 여유가 있다면 번뇌는 그만치 줄어들 것이다.

만일 바쁘게 가야할 곳이 있는데 차가 막히면 짜증이 나겠지만 크게 바쁠 일 없으면 창밖을 보면서 여유롭게 즐길 수도 있다. 이처럼 번뇌란 내 마음에서 생겨나는 것이지 누군가가 전해 주는 것이 아니다. 세상일 바쁘다고 허둥지둥댄들 크게 달라질 것은 없다.

번뇌로부터 마음이 흔들리지 않으려면 귀의 빛을 이용한다는 것이며, 마음을 돌려 호흡에 귀 기울이는 것이다. 호흡의 들고 나는 소리가 귀에 들려서는 안 된다. 소리 없는 호흡을 듣는 것이다. 호흡에 소리가 있게 되면 호흡은 거칠고 얕아져 깊게 뚫지를 못한다. 마음은 아주 가볍고 미미해 져야만 한다. 마음을 내려놓으면 내려놓을수록 미미해지고, 미미해지면 미미해질수록 고요해진다.

극도로 고요해진 마음은 홀연히 멈추게 된다. 그때는 진식이 나타나고 마음의 본체가 의식되기에 이른다. 마음이 미세해지면 호흡도 미세해진다. 마음의 조그만 움직임도 기에 영향을 주기 때문이다. 마음을 안정시키기 위해서는 먼저 기부터 조절해 나가야 한다. 마음이 직접 조절 될 수는 없다. 그러므로 기가 조절 수단이 되는 것이다. 이것이 바로 응집된 기를 유지해 가는 방법이라고 하였다.

이처럼 마음과 기가 어떻게 서로 영향을 미치는가를 알았던 대성인들은 후세 사람들을 위하여 보다 쉬운 방법을 고안해 냈던 것이다. 그러므로 다시 이르길, "암탉이 알을 품고 깔 수 있는 것은 따뜻한 기운을 한결같이 마음을 그곳에 쏟아 붓기 때문이다. 마음이 그 속으로 들어가면 기氣도 들어가고 따뜻한 기운을 얻어서 알이 깨어져 나온다. 그러므로 암탉이 가끔씩 둥지 밖으로 나가더라도 변함없이 알 속에서 나오는 소리에 귀를 기울이고 있어서 그 신神을 쏟아 붓는 바에는 조금도 틈이 없다.

그것은 신神이 살아 있는 것이며, 신神이 살아나기 위해서는 먼저 그 마음이 죽어야 한다. 만일 사람이 마음을 죽여버릴 수 있으면 그 자리에서 그 사람 전체를 주재하는 가장 으뜸 된 신(元神)이 살아난다." 하였다.

마음을 죽여 버린다는 것은 나무가 말라 죽듯 하는 것이 아니고, 그 마음을 오로지 하나로 모아서 이곳저곳으로 흩어지지 않게 하는 것을 말한다. 그렇기에 암탉이 계란을 부화시킬 수 있는 것은 그 마음으로 항상 듣고 있기 때문이라는 것이다. 이 말은 매우 중요한 비결이다.

암탉은 계란을 품으면서 따뜻한 기는 단지 알 껍질만 덥히는 데에 그칠 뿐이며 그 내부까지는 침투할 수 없다. 그러므로 마음으로 그 기를 이끄는 것이다. 그것은 들음으로써된다. 그렇게 일심을 기울이는 것이다. 마음이 들면 기도 들게 되어 온기를 얻은 병아리는 비로소 자라기 시작하는 것이다. 그러나 어미의 기를 받지 못하고 인위적으로 부화되는병아리는 얼마 살지 못해 죽고 만다.

그러므로 암탉은 때로 둥우리를 떠나면서도 항상 귀를 기울여 듣는 자세를 늦추지 않듯이 정신의 집중이 끊기지 않아야 하는 것이다. 정신의 집중에 끊어짐이 없고 따뜻한 기도 밤낮 단절됨이 없기 때문에 영혼이 소생하게 된다. 영혼이 소생한 것은 먼저 마음 작용이 소멸 된 때문이다. 암탉이 알에게 기를 보내듯 사람이 끊임없이 정신의 집중을 통해 기를 회전시킬 때 마음 작용이 죽어 버리면, 그때 원신이 소생한다는 것이다.

그것을 일컬어 부처께서는 "마음을 한 곳에 놓아두고 무엇이든 일삼지 말고, 무엇을 어떻게 해보려고 하지 말라(置心一虛. 無事不辨)"고 말하였다는 것이다.

마음은 달아나기를 잘하므로 기氣로서 그것을 잡된 것이 섞이지 않고 순수하게 되도록 해야 하며, 이와 같이 하면 마음이 한곳에 머무르지 않겠느냐고 하였다. 즉 정수리 숨골에 집중하면서 들숨을 하단전에서부터 등 쪽으로 끌어올려(독맥) 정수리까지 들이쉬고 다시 날숨을 정수리에서부터 가슴을 지나 하단전까지 내쉬면서(임맥) 기를 회전시키는 것이다.

혼침과 산란의 두 가지 잘못된 마음은 오직 변화와 움직임을 여의고 조용히 하는 일에 의해서만 고쳐진다. 하루하루 끊어짐 없이 조용히 하는 일을 배우고 닦아 나가면 저절로 크게 쉴 곳이 있게 된다고 말씀하였다.

🏺🏺

일단 마음이 흩어져 있다는 것을 알아차리고 나면, 그 알아차렸다는 자체가 그와 같이 마음이 흐트러짐을 막는 기틀이 되는 것이다. 어둠 속으로 깊이 빠져 있어도 스스로도 그러함을 알아차리지 못하는 것과, 어둠 속으로 빠져 있기는 하지만 스스로 그러함을 알아차리고 있는 것과는 그 차이가 너무나 커서 서로 천리만리 떨어져 있다고 할 수 있다.

알아차리지 못하고 어둠 속에 깊이 빠져 있는 것이 진짜 빠져 있는 것이고, 그러함을 알아차리고 있는 것은 어둠 속에 완전히 빠져 버렸다고 말할 수는 없는 것이다. 맑고 밝음이 그 안에 들어 있기 때문이다. 이 생각 저 생각 걷잡을 수 없이 마음이 흐트러지는 것은 신神이 이리 저리 달려가기 때문이고, 어둠 속으로 깊이 빠져 있는 것은 신神이 아직 맑아지지 못했기 때문이다. 이 생각 저 생각으로 흩어지는 잘못은 좀 쉽게 고칠 수 있지만 어둠 속으로 빠져 들어가는 잘못은 치료하기가 어렵다.

병에 비유해 보면 아프거나 가려운 것은 약으로 치료할 수가 있으나, 정신을 잃어버리는 것은 몸의 어느 부분이나 또는 팔다리의 감각이 없어지는 마비 증세와 같은 것이어서 어떻게 해 볼 수가 없는 것과 같다. 흩어지는 것은 거두어들일 수가 있고, 이 생각 저 생각으로 걷잡을 수 없이 어지러운 것도 가지런하게 할 수가 있다. 그러나 만약 어둠 속으로 깊이 빠져서 정신을 잃어버리면 멍청하고 또 멍청하여 깜깜하다.

　이 생각 저 생각으로 걷잡을 수 없이 흩어지더라도 그 흩어지고 어지러운 장소는 아직 있기 마련인데, 어둠 속으로 깊이 빠져 버리면 오로지 넋(魄)만이 모든 것을 좌우하게 된다. 이 생각 저 생각으로 흩어지는 경우에는 아직도 얼(魂)이 남아 있는데, 어둠 속으로 깊이 빠져 버리면 완전히 음陰만이 주장하는 상태가 되는 것이다. 앉아서 변화와 움직임을 여의어서 조용함을 배우며 익히려고 하는 경우에 앉기만 하면 잠이 오려고 하는 것이 바로 어둠 속으로 빠져 들어가는 것이다.

　어둠 속으로 빠지지 않도록 잠을 끊어 버리는 방법은 오직 호흡을 고르는 일(調息)에 달려 있다. 여기에서 말하는 호흡(息)은 입과 코로 나가고 들어오는 호흡을 말한다. 비록 태어나기 이전부터 쉬고 있던 상태와 같은 참다운 숨(眞息)은 아니지만, 그 참다운 숨이라는 것도 역시 이 입과 코로 쉬는 호흡에 붙어 있는 것이다. 마음과 기氣를 닦는 일을 배우고 익히는 경우에는 언제나 반드시 마음의 변화와 움직임을 여의고 조용히 해야 하며, 기氣를 잡된 것이 섞이지 않고 순수하도록 해야 한다.

그렇다면 어떻게 하면 마음의 변화와 움직임을 여의고 조용할(靜) 수 있는가, 그렇게 할 수 있는 작용이 호흡 속에 들어 있다. 호흡이 나가고 들어오는 것을 오직 마음으로만 스스로 알고 있어야 되지 귀에 그 소리가 들려서는 안 된다. 귀에 그 소리가 들리지 않으면 가늘어지고(細) 가늘어지면 맑아지는데(淸), 거꾸로 소리가 들리면 기氣가 거칠어지고 (粗) 거칠어지면 흐려지고(濁) 흐려지면, 곧 저절로 어둠 속으로 빠져 들어가서(昏沈) 잠이 오게 마련이다.

비록 그와 같이 마음의 작용이 호흡 속에 들어 있기는 하지만, 그 작용을 올바른 쪽으로 이루어지게 하기 위해서는 아주 훌륭하게 그 작용을 이용할 줄 알아야 한다. 모든 진리가 그러하듯이 이 마음의 작용이라는 것도 결국 작용하지 않는 작용이다. 오직 알듯 모를 듯하게 빛으로 비추고(照) 마음으로 들어야만(聽) 할 뿐이다.

"알듯 모를 듯하게 빛으로 비추고(照) 마음으로 듣는다 (聽)"는 이 구절에는 숨겨진 뜻이 들어 있다. 어떻게 하는 것을 두고 빛으로 비춘다(照)고 말하는가, 눈의 빛(眼光)이 스스로를 비추는 것이니 눈은 오직 안으로만 보고(內視) 바깥을 보지(外視) 않는다. 바깥을 보지 않으면서도 말똥말똥하게 깨어 있는 것이 곧 안으로만 보는 것(內視)]이 되고, 실제로 몸속을 보고 있는 것이 아니다.

눈의 빛(眼光)이 스스로를 비추는 것이니 눈은 오직 안으로만 보고(內視) 바깥을 보지(外視) 않는다. 바깥을 보지 않으면서도 말똥말똥하게 깨어 있는 것이 곧 안으로만 보는 것(內視)]이 되고, 실제로 몸속을 보고 있는 것이 아니다.

어떻게 하면 마음으로 들을 수 있겠는가, 귀의 빛(耳光)으로 스스로를 듣는 것이니 귀는 오직 안으로만 듣고(內聽) 바깥을 듣지(外聽) 않는다. 바깥을 듣지 않는데도 말똥말똥하게 깨어 있으면 곧 안으로만 듣는 것(內聽)이 되고, 실제로 몸속에서 나는 어떤 소리를 듣고 있는 것이 아니다. 듣는다(聽)는 것은 그 소리 없는 소리를 듣는 것이고 본다(視)는 것은 그 모양 없는 모양을 보는 것이다.

☞

여조사는 이르길, 마음이 흩어져 있다는 것을 알아차리면, 그 알아차린 자체가 마음이 흐트러짐을 막는 기틀이 되는 것이다. 어둠 속으로 깊이 빠져 있어도 스스로도 그러함을 알아차리지 못하는 것과, 어둠 속으로 빠져 있기는 하지만 스스로 그러함을 알아차리고 있는 것과는 그 차이가 너무나 커서 서로 천리만리 떨어져 있다고 할 수 있다고 하였다.

맑은 물과 탁한 물이 제각각 존재하는 것이 아니라 탁한 물속에 맑음이 들어 있다. 우리가 탁함을 버리고 맑음을 취하려는 것은 세상의 본질을 이해하지 못한 것이다. 중생을 떠나 부처가 되려 하거나 번뇌를 버리고 보리를 구하려는 것은 모두 잘못된 소견을 지닌 것이다. 비로자나 법신불이 엄지손가락을 주먹으로 쥐고 있듯이 주먹과 손가락은 서로 다른 무엇이 아니다.

중생이 곧 부처이고 번뇌가 곧 해탈임을 아는 그것이 우리의 내면을 폭발시켜 정신의 혁명을 이루게 한다. 자신이 어둠에 빠져 있음을 자각하지 못한 채 깊이 빠져 있다면 그것은 진짜 어둠에 빠진 것이다. 그러나 어둠속에 빠져 있다는 자각이 있다면 그것이 깨어있음이고 주의력이며 탁한 물 속에 맑음이다.

혜능대사는 중생과 부처란 손바닥 뒤집는 것과 같다고 하였다. 한 생각 뒤집으면 그것이 부처이듯 탁함 속에 든 맑음이 있음을 아는 것이 부처이다. 그러나 탁함을 버리고 맑음을 구하려 든다면 그는 깊은 어둠에 빠진 것과 같다.

병에 비유하면 어둠 속에 빠져 있어도 스스로 그러함을 알아차리는 것은 비록 미혹되긴 했으나 가렵고 아픈 병과 같아 쉽게 치유할 수 있다. 그러나 스스로 어둠 속에 빠져 있음을 알아차리지 못하는 것은 팔다리의 감각이 없어지는 마비 증세와 같은 것이어서 어떻게 해 볼 수가 없는 것과 같다고 하였다. 자신이 어둠 속에 빠져 있음을 자각하는 그 것이 깨어있는 부처이기 때문이다.

이 생각 저 생각으로 흩어지고 있음을 아는 경우에는 아직도 얼(魂)이 남아 있지만, 어둠 속으로 깊이 빠져 버리면 오로지 넋(魄)만이 모든 것을 좌우하므로 완전히 음陰만이 주장하는 상태가 되는 것이다. 앉아서 변화와 움직임을 여의어서 조용함을 배우며 익히려고 하는 경우에도 앉기만 하면 잠이 오려고 하는 것이 어둠 속으로 빠져 드는 것이라고 하였다.

어둠 속으로 빠지지 않도록 잠을 끊어 버리는 방법은 오직 호흡을 고르는 일에 달렸다고 한다. 마음과 기氣를 닦는 일을 배우고 익히는 경우에는 언제나 반드시 마음의 변화와 움직임을 여의고 조용히 해야 하며, 기氣를 잡된 것이 섞이지 않고 순수하도록 해야 한다. 그것을 할 수 있는 작용이 호흡 속에 들어 있다는 것이다.

호흡이 나가고 들어오는 것을 오직 마음으로만 들어야지 귀에 그 소리가 들려서는 안 된다. 귀에 숨소리가 들리지 않도록 고요하게 쉬면 숨은 가늘어지고(細) 가늘어지면 맑아지는데(淸), 거꾸로 소리가 들리면 기氣가 거칠어지고(粗) 거칠어지면 흐려지고(濁) 흐려지면, 곧 저절로 어둠 속으로 빠져 들어가서(昏沈) 잠이 오게 마련이라는 것이다.

"알듯 모를 듯하게 빛으로 비추고(照) 마음으로 듣는다 (聽)"는 이 구절에는 숨겨진 뜻이 들어 있다고 하였는데, 눈의 빛(眼光)이 스스로를 비추는 것이니 눈은 오직 안으로만 보고 바깥을 보지 않는다고 하였다. 조금 알아듣기 어려운 말이지만 우리는 대부분 눈이 보고 귀가 듣는다고 생각한다.

그러나 오로지 눈과 귀로써 보고 듣는다고 생각한다면 방금 죽은 시신은 눈과 귀가 온전한 상태인데도 보고 듣는다고 생각하지는 않을 것이다. 눈과 귀란 사물과 소리를 내면의 스크린으로 끌어당기는 매개체일 뿐이다. 카메라의 렌즈가 사물을 비추지만 사진을 찍는 것은 안에든 필름에 영상이 맺히도록 할 뿐이다. 그것을 우리가 보고 듣는다고 말하기 때문에 눈이 본다고 생각하지만 실은 내면의 스크린이 보고 듣는 것이다.

그러므로 눈이 본다는 표현보다는 눈에 보인다는 말이 적절한 표현인 듯싶다. 표현은 어떻든 간에 말의 의미를 파악하면 되므로 눈이란 사물을 끌어당겨 내면의 빛이 스스로 비추는 것이다. 그것을 일컬어 여조사는 "눈은 오직 안으로만 보고 바깥을 보지 않는다."고 표현한 것이리라. 그러므로 안으로 본다는 것은 몸속을 보고 있는 것이 아니라고 하였다.

귀도 마찬가지로 소리를 끌어당겨 내면 스크린에 맺히도록 하는 매개체이다. 그러므로 깊은 잠에 들어 눈과 귀와 의식이 사라져도 꿈에서 보고 듣고 생각하는 것은 현실과 다를 바 없다. 우리들 내면 스크린은 언제나 깨어 있기 때문이다.

듣는다는 것은 그 소리 없는 소리를 듣는 것이고 본다는 것은 그 모양 없는 모양을 보는 것이라고 하였다. 오관의 성품과 작용을 말하는 것이며 보고 듣는 눈과 귀는 성품과 작용을 통해 동작하게 된다.

성품이란 늘 깨어 있는 상태로 존재하므로 눈을 감으면 못 본다고 생각하지만 실제로는 눈꺼풀 뒷면을 바라보고 있다. 귀도 또한 소리가 없으면 못 듣는 줄 알지만 소리 없는 침묵을 듣고 있다. 그러한 성품이 존재하기 때문에 눈으로는 사물을 비출 수 있고, 귀로는 소리를 듣게 된다.

🎎

눈으로는 바깥을 보지 않고 귀로는 바깥을 듣지 않으면, 기氣가 닫히고 막혀서 안으로 달려 들어가려고 한다. 오직 안으로만 보고(內視) 안으로만 들어야(內聽) 기氣가 바깥으로 달려가지도 않고 안으로 달려가지도 않게 되어서 어느 쪽으로도 치우치지 않고 마땅함(中)을 얻어서 어둠에 빠져 들어가지 않게 된다. 이러한 상태를 두고 "해와 달이 정을 어우르고 빛을 어우름(日月文精交光)"이라고 하는 것이다.

어둠에 빠져 들어서 잠이 오려고 하거든, 즉시 일어나서 천천히 걷다가 정신이 맑아진 뒤에 다시 앉아서 배우고 익힘에 들라. 맑은 새벽의 한가한 틈이 있을 때에 향 한 자루가 타도록 앉아서 배우고 익히는 것이 참 좋다. 오후가 되면 세상살이의 일들이 아주 어지러워져서 쉽게 어둠으로 빠져 들게 된다.

그러나 오후에는 배우고 익히는 일을 하지 말라는 뜻은 아니며 또한 그 앉아 있는 시간도 꼭 향 한 자루가 다 타도록 계속할 필요는 없다. 오직 모든 연분(緣)을 내려놓아 버리고 변화와 움직임을 여의고 조용히 잠시 앉아 있곤 해야 할 뿐이다. 그렇게 오랜 나날이 지나노라면 무엇인가, 머리에 들어오는 것이 있게 되고 어둠 속으로 빠져 들지 않게 된다.

☞

만일 눈귀를 막고 보고 듣지 않으면 기氣가 닫히고 막혀서 안으로 달려 들어가려 한다고 하였다. 기는 시냇물 흐르듯 막힘없이 순환되어야 하는데 바깥을 막아 버리면 정체되어 버린다. 수행을 하겠다고 깊은 산으로 들어가서 교류를 끊고 보고 듣는 일을 막아 버려도 그다지 큰 도움은 되질 못한다.

무엇이든 억지로 하려는 것은 기를 정체시키는 까닭일 것이다. 그렇기에 고행에도 매달리지 않고 세속적인 욕망에도 붙들림 없는 중도가 수행의 근본이라 할 것이다. 옛 선사들이 배고프면 먹고 졸리면 잔다고 했듯이 인위적인 조작이 없는 그 마음은 어느 쪽에도 치우침 없는 중도의 마음이다. 그것을 일컬어 여조사는 어둠에 빠져들지 않는 상태이며, 해와 달이 서로 교감하면서 정을 어우르고 빛을 어우른다고 하였다.

처음 공부하기를 시작했을 때 어둠에 빠져 들어서 잠이 오려고 하거든, 즉시 일어나서 천천히 걷다가 정신이 맑아진 뒤에 다시 앉아서 배우고 익힘에 들라고 하였다. 또한 오후가 되면 세상살이의 일들이 어지러워 쉽게 어둠으로 빠져 들 수 있으니 맑은 새벽의 한가한 틈에 앉아서 배우고 익히는 것이 좋다고 하였다.

앉을 때는 오직 모든 연분을 다 내려놓고 모든 움직임을 여읜 채로 향 한 자루 타는 정도를 고요히 앉아 있도록 해

야 한다. 그렇게 오랜 나날이 지나면 무언가 머리에 들어오
는 것이 있게 되고, 어둠 속으로 빠져 들지 않는다고 하였
다.

제 5장 빛을 돌게 함에 있어서 조심할 점
迴光差謬第五

呂祖曰。諸子工夫漸漸純熟。然枯木岩前錯落多。正要細細開示此中消息。身到方知。吾今則可言矣。吾宗與禪學不同。有一步一步徵驗。請先言其差別處。然後再言徵驗。宗旨將行之際。預作方便勿多用心。放教活潑潑地令氣和心適。然後入靜。靜時正要得機得竅。不可坐在無事甲裏。萬緣放下之中。惺惺自若也。又不可意興承當。惺惺不昧之中。放下自若也。又不可墮于蘊界。所謂蘊界者。乃五陰魔用事。如一般入定。而槁木死灰之意多。大地陽春之意少。此則落陰界。其氣冷。其息沉。且有許多寒衰景象。久之便墮木石。又不可隨于萬緣。如一入靜而無端眾緒忽至。欲卻之不能。隨之反覺順適。此名主為奴役。久之落于色欲界。差路既知。然後可求證驗。

　　呂祖께서는 다음과 같이 말씀하였다.

　　배우고 익히는 사람들의 경지에 차츰차츰 잡된 것이 없어지고 속속들이 익어 가게 되면, 겉보기에 마치 마른 나무나 바위같이 앉아만 있을지라도, 그 나아가는 앞에는 옆길로 빠지거나, 벼랑으로 떨어질 일들이 많이 놓이게 되므로 참으로 자세하게 알려주어야만 한다. 이 가운데의 소식은 직접 몸으로 그 경지에 이르면 알 수 있을 것이나, 그 가운데 몇 가지는 내가 지금 규칙을 세워서 말할 수 있다.

　　우리가 따르고 있는 가르침과 선학禪學과는 같지 않아서 우리가 따르고 있는 가르침에는 한걸음 한걸음마다 나타나는 효험이 있다. 먼저 우리가 따르는 가르침과 선학과의 차별이 되는 곳을 말하고, 그런 뒤에 다시 그 나타나는 효험에 대하여 말하는 것이 좋겠다.

우리가 따르고 있는 가르침의 중요로운 뜻을 밟아 나가려고 할 때에는 먼저 그 경우에 맞는 방법들을 마련해 두어야 하고, 일을 당하여서 꾀를 쓰거나 알음알이를 내어서 마음을 자꾸만 작용시켜서는 안 된다. 스승의 가르침들이 더하거나 빠짐이 없이 원래의 모습 그대로 살아서 힘차게 움직일 수 있도록 손을 대지 말라.

기氣는 조화를 이루고 마음은 한 가지 일에 오로지 일치하도록 하라. 그런 뒤에 변화와 움직임을 여의고 조용함(靜)에 드는 것이다. 변화와 움직임을 여의고 조용함에 들 때에는 반드시 하늘이 비밀로 하고 있는 어떤 기틀을 얻어내야 하고, 그 기틀에로 들어갈 수 있는 어떤 구멍(竅)을 얻어 내야 한다.

그냥 할 일 없이 마치 거북이가 등껍질 속에 들어가 있듯이 앉아만 있어서는 안 된다. 이른바 선이니 악이니 라고 말할 수 없고, 아무 곳에도 빌붙을 바 없는 텅 빔(無記空)이라는 것이다. 모든 인연을 내려놓은 상태에서 말똥말똥 깨어 있으면서 저절로 일어나는 대로 내버려 두는 것이다.

어떤 뜻(意)을 일으켜서 어떤 현상이나 일을 맡고자 해서는 안 된다. 무릇 참다운 것만을 지나치게 인정하게 되면 이러한 결과로 되는데, 그렇다고 참다운 것만을 인정하는 것이 잘못이라는 말은 아니다. 다만 참다운 소식(眞消息)이란 그것이 있는 듯도 하고 없는 듯도 한 사이에 있는 것이어서, 뜻(意)이 있는 듯도 하고 없는 듯도 해야 얻을 수 있는 것이다.

말똥말똥하게 깨어 있어서 어둠에 빠지지 아니한 가운데, 모든 인연을 내려놓고 저절로 일어나는 대로 내버려 두는 것이다. 그러면서도 또한 인연 따라 생겨나는 헛된 세계(蘊界)에 떨어져서도 안 된다. 이른바 인연 따라 생겨나는 헛된 세계라는 것은 다섯 가지 음陰한 마(魔)가 맡아서 좌지우지하는 세계이다.

만약 보통 사람이 마음의 흐트러짐 없이 한 곳에 머무는 상태(定)에 들 때에 마른 나무 등걸이나 불 꺼진 재와 같은 뜻이 많고, 큰 누리에 따뜻한 봄이 오는 듯한 뜻은 작은 상태로 되면, 음陰의 세계로 떨어지게 되니 그 기氣는 차갑고 그 숨(息)은 무겁다.

또한 여러 가지 춥고 죽음에 가까워지는 경치와 모습들이 나타나고, 그러한 상태대로 오래도록 나가게 되면 나무나 돌과 같은 상태로 떨어지게 된다. 또한 어떠한 인연도 따라가서는 안 된다. 만약 한 번이라도 변화와 움직임을 여의고 조용함에 들게 되면, 명주실 타래를 헝클어 놓은 듯이 갈피를 잡을 수 없는 많은 일들이 문득문득 찾아오는데, 그것을 쳐 없애려고 하여도 그렇게 할 수가 없어서 도리어 그것을 따라서 그 속에 빠져 버리면 오히려 흐름을 탄 듯이 편안함을 느끼는 경우도 있다.

이러한 것을 두고, 주인이 노예의 일을 하는 것이라고 한다. 그러한 상태로 오래도록 나아가면 욕심이 들끓거나 아니면 물질로 이루어진 헛된 세계(色慾界)에 떨어지게 된다. 잘되어서 위로 간 사람이라야 신(神)들이 사는 여러 하늘나라에 태어나고, 잘못되어서 아래로 떨어진 사람은 이리 같은 짐승이나 남의 노예로 태어난다.

천년 먹은 여우(狐仙)같은 것이 이것인데 그것은 이름난 산속에서 그 공기와 달빛과 꽃과 열매와 나무와 풀의 정기精氣를 받아먹으면서 삼백 년, 또는 오백 년 많으면 몇 천 살까지도 지내 나갈 수 있다.

그러나 그 쌓았던 노력에 대한 보답(報)이 다하고 나면 다시금 그 쌓은 공덕에 따라서 여러 가지 유한한 세계(趣) 가운데에 태어나게 된다. 위와 같은 여러 가지는 모두 옆길로 빠지거나 벼랑으로 떨어지는 길이다. 옆길로 빠지거나 벼랑으로 떨어지는 길임을 이제 알게 되었으면, 우리가 배우고 익히는 가르침에 따르는 경우에 일어나는 효험들을 찾아보아도 좋다.

제 6장 빛을 돌리는 경우에 나타나는 효험

回光證驗第六

呂祖曰·證驗亦多。不可以小根小器承當·必思度盡眾生。不可以輕心慢心承當·必須請事斯語·靜中綿綿無間·神情悅豫。如醉如浴·此為遍體陽和金華乍吐也·既而萬籟俱寂·皓月中天。覺大地俱是光明境界·此為心體開明。金華正放也·既而遍體充實。不畏風霜·人當之興味索然者·我遇之精神更旺·黃金起屋。白玉為臺·世間腐朽之物·我以真氣呵之·立生紅血為乳。七尺肉團無非金寶。此則金華大凝也。第一段是應觀經。日落大水行樹法象。日落者從混沌立基。無極也。上善若水。清而無瑕。此即太極主宰。出震之帝也。震為木故, 以行樹象焉。七重行樹七竅光明也。第二段即肇基。于此大地為冰琉璃寶地。光明漸漸凝矣。所以有蓬臺而繼之。佛也。金性。既現非佛而何。佛者大覺金仙也。此大段證驗耳。現在可考證驗有三。一則坐去。神入谷中。聞人說話如隔里許。一一明了。而聲入皆如谷中答響。未嘗不聞。我未嘗一聞。此為神在谷中。隨時可以自驗。一則靜中目光騰騰。滿前皆白。如在雲中。開眼覓身無從覓視。此為虛室生白。內外通明。吉祥止止也。一則靜中肉身絪縕。如綿如玉。坐中若留不住而騰騰上浮。此為神歸頂天。久之上昇可以久待。此三者皆現在可驗者。然亦是說不盡的。隨人根器各現殊勝。如止觀中所云。善根發相是也。此事如人飲水。冷暖自知。須自己信得過方真。先天一炁。即在現前證驗中自討。一炁若得。丹亦立成。此一粒真黍也。一粒復一粒。從微而至著。有時時之先天一粒是也。有統體之先天一粒。乃至無量也。一粒有一粒力量。此要自家膽大為第一義。

呂祖께서는 다음과 같이 말씀하였다.

나타나는 효험도 역시 여러 가지이다. 뿌리가 얕고 그릇이 작은 사람에게는 맡길 수 없는 것이니, 반드시 중생을 모두

건질 생각을 일으킨 사람이어야 하며, 교만하고 가벼운 마음이나 조그마한 것에 만족하는 게으른 마음에게는 맡길 수 없는 것이므로, 반드시 스스로를 낮추어 청하고 배우며 스스로 실천하는 사람에게만 이 말을 해주어야 한다.

변화와 움직임을 여의고 조용한 가운데 가늘고 길게 끊어짐이 없으면, 정신神이 기쁘고 즐거워져서 마치 술에 취한 듯하고 따뜻한 물속에 푹 담겨 있는 듯하다. 이렇게 되면 온몸이 양陽으로 조화되고 황금 꽃(金華)이 갑자기 토해져 나온다. 모든 것이 이미 생기고 없어지고 하는 변화를 떠나서 함께 고요하게(寂) 되고나면, 밝은 달이 하늘 가운데에 떠 있고, 온 누리가 모두 함께 빛나고 밝은 경계(回明境界)임을 깨닫게 된다.

이러한 경지가 되면 마음과 몸이 밝아지기 시작하니 황금 꽃(金華)이 막 피어나고 있는 것이다. 이미 온몸에 빛과 밝음이 꽉 차게 되면 찬바람과 서리도 두려워하지 않게 되니, 남들은 그 일을 만나게 되면 그 일에 대하여 흥미를 싹 잃어버리는 어떤 일일지라도 내가 만나게 되면 오히려 정신이 더욱 왕성해진다.

황금으로 집을 세우고 흰 옥으로 대臺을 쌓더라도 그러한 세간의 썩고 낡아 허물어질 물질에 대해서는 나의 참된 기

(眞氣)를 가지고 웃어넘기며 나는 생명을 확실하게 세운다. 붉은 피가 흰 젖으로 변하고 일곱 자밖에 안 되는 고깃덩어리가 모두 금과 보배 아님이 없게 된다. 이러한 경지가 곧 황금 꽃(金華)이 크게 뭉친 것이다.

제일 첫째 단계는 관경觀經에서 말하고 있는 대로 해가 떨어지고 큰물이 흐르며, 나무들이 쭉 늘어선 것과 같은 이치의 모습이다. 해가 떨어진다(日落)는 것은 음과 양이 나누어지기 이전 상태인 소용돌이로부터 터전을 세우는 것이니 무극無極인 것이다. 큰물이 흐른다는 것은 높은 선(上善)은 마치 물(水) 같아서 맑고 흠이 없음을 말하는데, 이러한 경지는 태극太極이 주재主宰하는 경지이다.

솟아오르는 해요, 동궁東宮을 막 나온 황제와 같은 경지로 되는데 동쪽을 뜻하는 진震을 오행으로 나누면, 木 즉 나무에 속하므로 쭉 늘어선 나무(行樹)라는 말로써 상징하였던 것이다. 아미타경에 나오는 "일곱 겹으로 늘어선 나무(七重行樹)요, 일곱 구멍에서 나오는 빛의 밝음(七竅光明)이라는 것이다."

다시 설명하면, 후천팔괘도에서 서북쪽은 건乾괘의 방위인데 한 자리를 옮겨가서 감坎괘의 자리로 되니, 해가 떨어지고 큰물이 흐른다는 것은 건이 감으로 되는 모습과 같은 것이다. 감坎은 자子라는 방위이며 동지에 해당하는데, 이때에는 천둥(雷)이 땅속에서 잔뜩 웅크리고 힘찬 세력을 감추고 있는 때이다. 떨어졌던 해가 진震괘의 방위 곧 동방에 이르러서야 그 밝은 숲(陽)이 비로소 땅 위로 나오게 된다. 이러함이 마치 열을 지어 죽 늘어서 있는 나무(行樹)와 같은 모습이라는 것이다.

그 나머지 것들은 이와 같은 이치로 미루어 생각하면 된다. 둘째 단계는 이와 같은 생태를 토대로 하여 그 위에다가 기초를 튼튼히 하는 일부터 시작된다. 온 누리가 얼음판으로 되어서 유리를 깐 보배로운 땅으로 변하고 빛의 밝음이 점점 더 뭉쳐진다. 그렇게 되기 때문에 신선계에 있다는 봉래산이나 극락세계에 있다는 연화대가 있게 되고 이어서 부처가 나타난다.

금빛 나는 본성이 있는 그대로 나타나니 부처가 아니고 무엇이겠는가, 부처라는 사람은 크게 깨달은 금선金仙인 것이다. 이상이 배우고 익히는 과정에서 나타나는 효험을 큰 묶음으로 나누어 본 것이다. 옛 분들이야 말할 것도 없었지만 현재에 있어서도 찾아볼 수 있는 효험으로는 아래와 같은 세 가지가 있다.

하나는 배우고 익힘에 들어서 앉아 있노라면 정신神이 골짜기 가운데로 들어가서 어떤 사람들이 이야기하는 소리를 마치 몇 리나 떨어져 있는 곳으로부터 들려오는 듯하게 듣는데, 그럼에도 불구하고 하나하나 또렷또렷하게 들린다.

소리가 들려오는 것이 모두 마치 깊은 산골짜기에서 되돌아오는 메아리 소리 같지만 조용히 하고 있으면 아닌 게 아니라 들린다. 즉 들리기는 하지만 내가 일찍이 한 번도 들어본 적이 없는 소리이다. 이러한 효험은 정신神이 골짜기 가운데에 들어가 있기 때문인데, 그때그때 스스로 경험하여 볼 수 있다.

또 하나는 변화와 움직임을 여의고 조용함에 들어 있는 가운데에 눈의 빛(目光)이 높이 올라가고, 눈앞에는 온통 흰 빛으로 꽉 차서 마치 구름 가운데에 들어 있는 듯하다. 눈을 떠서 나의 몸을 찾아보아도 찾아서 볼 곳이 없어진 상태이다. 이러한 것을 두고 "텅 빈 방에 흰 빛이 생긴다(虛室生白)."고 말한다. 안과 밖이 서로 통하여 밝고 길하고 상서로운 일들이 가득하고 또 가득하다.

또 하나는 변화와 움직임을 여의고 조용함에 들어 있는 가운데에 몸뚱이가 마치 솜뭉치 같고 옥돌 같으면서 그 몸뚱이에 우주의 근본을 이루는 기운이 왕성하다. 앉아 있는 그대로 머물러 있으려고 하여도 머무를 수가 없고 위로 둥

둥 뜨곤 한다. 이러한 상태는 정신神이 맨 꼭대기의 하늘(頂天)로 돌아간 경지이다. 그러한 상태가 오래도록 끊임없이 일어나면 공중으로 날아오르는 일도 어렵지 않게 곧 이루어지리라고 기다려 볼 수 있다.

이상의 세 가지는 모두 현재 경험하여 볼 수 있는 것이다. 그렇기는 하지만 역시 말만으로는 그 느낌을 다 전달할 수 없는 것이고, 사람마다 심어 놓은 전생前生의 뿌리와 타고난 그릇에 따라서 각각 다르게 나타난다. 마치 지관론 가운데에서 말하고 있는바 "전생에 착한 씨앗을 뿌려서 이루어진 착한 뿌리는 그 모습을 드러내게 된다.(善根發相)"는 경우와 같은 것이다.

이 일은 마치 사람들이 물을 마셔 보고 그것이 찬지 더운지를 스스로 알게 되는 것과 같아서, 반드시 몸소 경험하여 믿게 된 다음에야 참다운 것이 된다. 태어나기 이전부터 있어 온 하나의 기(先天一氣)가 그 자체로서는 눈앞에 나타나는 확실한 경험을 하노라면 저절로 "이것이 무엇인가," 하는 의심을 가지고 따져 보게 된다.

태어나기 이전부터 있어 온 하나의 기(先天一氣)를 얻게 되면 단丹도 역시 그 자리에서 이루어지는데, 이것이 크기는 겨우 기장 알만하지만 진리의 세계에 있는 한 알의 참다운 황금 구슬(黍珠)이다. 한 알 또 한 알씩 모아서 잘 알아볼 수 없을 정도로 작은 상태로부터 아주 뚜렷하게 알아볼 수 있는 상태로까지 이른다.

그때그때의 경우에 해당하는 "태어나기 이전부터 있어 온 하나의 기(先天)가 있는데 한 알의 기장 알만한 황금 구슬이 그것이고, 본바탕을 통틀어서 거느리는 하늘과 땅이 구별되기 이전부터 있어 온 하나의 기(先氣)가 또한 있는데, 그것은 한 알의 알갱이일 수도 있지만 그것에 그치지 않고 그 크기를 헤아릴 수 없는 상태(無量)에까지도 이른다.

한 알의 알갱이에는 한 알의 알갱이로서의 능력의 크기가 있는 것인데, 그 능력의 크기를 본바탕을 통틀어 거느리는 경지의 헤아릴 수 없는 크기(無量)로까지 키우기 위해서는 무엇보다도 사람에 따라서 그가 지니고 있는 얼의 크기를 가장 첫 번째로 키워야 하는 것이다.

제 7장 빛을 돌리면서 생활하여 나가는 법
回光活法第七

呂祖曰。回光循循然行去。不要廢棄正業。古人云。事來要應過。物來要識過。子以正念治事。即光不為物轉即回。此時時無相之回光也可。日用間能刻刻隨事返照。不著一毫人我相。便是隨地回光。此第一妙用。清晨能遣盡諸緣。靜坐一二時最妙。凡應事接物。只用返身法。便無一刻間斷。如此行之三月兩月。天上諸真必來印證矣。

呂祖께서는 다음과 같이 말씀하였다.

빛을 돌리는 일이 제대로 순서 있게 돌아가게 되면, 성현들이 가르친 도덕규범에 따라서 살아 나가는 한 그 세상 생활(正業)을 버릴 필요는 없다. 옛 사람은 "일거리가 생겨서 내 앞에 닥치게 되면, 그에 응하여 넘겨야 하고, 물건이 있어서 내 앞에 놓이게 되면, 그것을 확실하게 알아 버려야 한다.(事來要應過, 物來要識過)"라고 말하였다.

내가 바른 생각(正念)을 가지고 나에게 닥쳐오는 일들을 다스려 나간다면, 빛은 사물에 영향을 받아 굴러가지 않고, 빛 그 자체로서 스스로 돌게 된다. 이러한 것을 그때그때 알맞게 응하되 어떠한 모습에도 한정됨이 없이(無相) 빛을 돌리는 일이라고 한다. 그와 같이 어떠한 모습에도 한정됨이 없이 빛을 돌릴 수도 있는데, 하물며 누가 보더라도 틀림없이 유한한 모습에 달라붙어 있다(着相)고 판단될 수밖에 없는 상태에 빠져 있다면 그러한 빛을 돌리는 일을 해서야 되

겠는가,

하루하루의 생활 사이에는 그때그때의 일에 따르면서 빛을 돌이켜 내면의 세계를 비출(返照) 수가 있으며, 털끝만큼도 나라든가 너라든가 하는 유한한 모습(相)에 달라붙어 있지 않을 수가 있는데, 이러함을 두고 각각의 경우에 따르면서 빛을 돌림(隨地回光)이라고 한다. 이것이야말로 첫째가는 일이며 배우고 익히는 일을 묘하게 운용해 나가는 것이다.

맑은 새벽에 나에게 작용하는 모든 환경과 조건을 털어 버리고, 변화와 움직임을 여읜 채로 조용히 두세 시간 앉아 있을 수 있다면 그 이상 훌륭한 일은 없다. 모든 일거리에 응하고 물건에 부닥치게 될 때에는 오직 빛을 돌이켜 내면의 세계를 되비추는 가르침을 이용할 뿐인데, 그렇게 하면 한 순간도 틈이 생기거나 끊어짐이 없게 된다. 이와 같이 그 가르침을 배우고 익혀 나가기를 두세 달 하게 되면, 하늘 위에 있는 모든 진인(眞)들이 반드시 내려와서 나의 배우고 익힘이 잘못되지 않았음을 증명하여 준다.

제 8장. 여유 있고 한가롭게 배우고 익혀 나가는 법

逍遙訣第八

呂祖曰。玉清留下逍遙訣。四字凝神入氣穴。六月俄看白雪飛。三更又見日輪赫。水中吹起藉巽風。天上遊歸食坤德。更有一句玄中玄。無何有鄉是真宅。律詩一首玄奧已盡。大道之要不外無為而為四字。惟無為故。不滯方所形象。惟無為而為故。不墮頑空死虛。作用不外一中。而樞機全在二目。二目者。斗柄也。幹旋造化轉運陰陽。其大藥則始終一水中金而已。前言回光乃指點初機。從外以制內。即輔以得主。此為中下之士修下二關。以透上一關者也。今頭路漸明。機括漸熟。天不愛道。直泄無上宗旨。諸子秘之秘之。勉之勉之。夫回光其總名耳。工夫進一層。則光華盛一番。回法更妙一番。前者由外制內。今則居中御外。前者即輔相主。今則奉主宣猷。面目一大顛倒矣。法子欲入靜。先調攝身心。自在安和。放下萬緣。一絲不掛。天心正位乎中。然後兩目垂簾。內照坎宮。光華所到。真陽即出以應之。離外陽而內陰。乾體也。一陰入內而為主。隨物生心。順出流轉。今回光內照。不隨物生。陰氣即住。而光華注照。則純陽也。同類必親。故坎陽上騰非坎陽也。仍是乾陽應乾陽耳。二物一遇便紐結不散。絪縕活動。倏來倏往。倏浮倏沈。自己元宮中。恍如太虛無量。徧身輕妙欲騰。所謂雲滿千山也。次則來往無蹤。浮沈無辨。脈住氣停。此則真交媾矣。所謂月涵萬水也。俟其杳冥中。忽然天心一動。此則一陽來復。活子時也。然而此中消息要細說。凡人一視耳目。逐物而動。物去則已。此之動靜全是民庶。而天君反隨之役。是常與鬼居矣。今則一動一靜皆與人居。天君乃真人也。彼動即與之俱動。動則天根。靜即與之俱靜。靜則月窟。動靜無端。亦與之為動靜無端。休息上下。亦與之為休息上下。所謂天根月窟閒來往也。天心鎮靜。動違其時。則失之嫩。天心已動。而後動以應之。則失之老。天心一動。即以真意上升乾宮。而神光視頂為導引焉。此動而應時者也。天心既升乾頂。游揚自得。忽而欲寂。急以真意引入黃庭。而目光視中黃神室焉。既而欲寂者。一念不生矣。視內者忽忘其視矣。爾時身心便當一場大放。萬緣泯跡。即我之神室爐鼎。亦不知在何所。欲覓己身了不可得。此為天入地中。眾妙歸根之時也。即此便是凝神入氣穴。夫一回光也。始而散者欲斂。六用不行。此為涵養本源添油接命也。既而斂者自然優遊。不費纖毫之力。此為安神祖竅翕聚先天也。既而影響俱滅。寂然大定。此為蟄藏氣穴眾妙歸根也。一節中具有三節。一節中且有九節。且俟後日發揮。今以一節中具三節言之。當其涵養而初靜也。翕聚亦為涵養。蟄藏亦為涵養。至後而涵養皆蟄藏矣。中一層可類推。不易處而處分焉。此為無形之竅。千處萬處一處也。不易時而時分焉。此為無候之時。元會運世一刻也。凡心非靜極。則不能動。動動妄動。非本體之動也。故曰感於物而動。性之欲也。若不感於物而動。即天之動。不以天之動對天之性。句落下說箇欲字。欲在有物也。此為出位之思。動而有動矣。一念不起。則正念乃生。此為真意。寂然大定中。而天機忽動。非無意之意乎。無為而為即此意。詩首二句全括金華作用。次二句是日月互體意。六月即離火也。白雪飛即離中真陰將返乎坤也。三更即坎水也。日輪即坎中一陽將赫然而返乎乾也。取坎填離即在此中。次二句說斗柄作用。升降全機。水中非坎乎。目為巽風。目光照入坎宮。攝召太陽之精是也。天上即乾宮。遊歸食坤德。即神入炁中。天入地中。養火也。末二句是指出訣中之訣。訣中之訣始終難不得所謂洗心滌慮。為沐浴也。聖學以知止始。以止至善終。始乎無極。歸乎無極。佛以無住而生心。為一大藏教旨。吾道以致虛二字。完性命全功。總之三教不過一句。為出死護生之神丹。神丹維何。曰一切處無心而已。吾道最秘者。沐浴。如此一部全功。不過心空二字足以了之。今一言指破。省卻數十年參訪矣。子輩不明一節中具三節。我以佛家空假中三觀為喻。三觀先空。看一切物皆空。次假。雖知其空。然不毀萬物。仍於空中建立一切事。既不毀萬物。而又不著萬物。此為中觀。當其修空觀時。亦知萬物不可毀而又不著。此兼三觀也。然畢竟以看得空為得力。故修空觀。則空固空。假亦空。中亦空。修假觀是用上得力居多。則假故假。空亦假。中亦假。中道時亦作空想。然不名為空。而名為中矣。亦作假觀。然不名為假。而名為中矣。至於中。則不必言矣。吾雖有時單說離。有時兼說坎。究竟不曾移動一句。開口提云。樞機全在二目-。所謂樞機者。用也。用此斡旋造化。非言造化只此也。六根七竅悉是光明藏。豈取二目。而他繫不問乎。用坎陽。仍用離光照攝。即此便明日月原是一物。其日中之暗處。是真月之精。月窟不在月而在日。所謂月之窟也。不然只言月足矣。月中之白處。是真日之光。日光反在月中。所謂天之根也。不然只言天足矣。一日一月分開止是半箇。合來方成一箇全體。如一夫一婦獨居不成家室。有夫有婦方算得一家完全。然而物難喻道。夫婦分開不失為兩人。日月分開不成全體矣。吾言只透露其相通處。所以不見有兩。子輩專執其隔處。所以隨處換卻眼睛。

呂祖께서는 다음과 같이 말씀하였다.

원시천존原始天尊이 살고 있다는 옥청궁으로부터 여유 있고 한가롭게 배우고 익히는 법이 내려왔는데 다음과 같다. 저절로 그러한 대로 놔두고 인위적인 요소를 없애며, 배우고 익혀서 신을 엉겨 모이게 하여(凝神), 기혈氣穴로 들어가서 한여름에도 갑자기 흰 눈이 날리는 것을 보게 되고, 한밤중(三更)에도 둥근 해가 이글거림을 보게 되거든, 물속에서도 숨을 쉬면서 거센 호흡(巽風)과 눈빛의 힘을 빌리고, 하늘 위로 헤엄을 치듯 돌아갔다가 다시금 내려와서 유순하고 모든 것을 싣고 있는 땅의 공덕으로 먹여 키우라(食坤德).

아직도 한마디 아주 우리의 가르침에 맞으면서도 훌륭한 곳(玄中玄)이라는 말이 있으니, 세속의 티끌과 번거로움이 없고 텅 빈 그곳(無何有鄕)이야말로 영원한 진리와 통하는 나의 집(眞宅)이다. 위에 나오고 한 줄마다 일곱 글자씩 되어 있어서 율시律詩의 형태를 취하고 있는 글의 뜻이 도교의 맛이 있으면서 진리를 완전히 다 드러낼 정도로 깊고 훌륭하다. 진리를 이루는 큰 방법의 요점은 저절로 그러한 대로 놔두고 인위적인 요소를 없애며 배우고 익힌다(無爲而爲)는 네 글자에서 벗어나지 않는다.

저절로 그러한 대로 놔두고 인위적인 요소를 없애므로 어떤 방법이나 장소나 모양, 모습에 의하여 가로막히지 않는다. 저절로 그러한 대로 놔두고 인위적인 요소를 없애며 배우고 익히므로 겉모습으로만 조용함에 들어서 어리석은 공(頑空)이나 생명 없는 허망(死虛)에 떨어지는 일이 생기지 않는다. 그렇게 될 수 있도록 하는 작용은 하나의 중中이라는 글자 밖에 있지 아니한데, 여닫이문의 지도리처럼 가장 중요한 핵심은 두 눈에 있다.

사람에게 있어서는 두 눈이라는 것이 마치 하늘에서의 북두칠성의 자루(斗柄)와 같은 것이다. 그것이 원圓의 중심이 되어서 돌아감으로써, 우주 자연의 운행 변화가 이루어지고, 음과 양을 바꾸어 가면서 굴러가게 하는데, 그렇게 되어 가고 있는 가장 가운데의 중요한 곳에 자리 잡고 있는 가장 중요한 것은 처음부터 끝까지 감坎괘의 가운데 효爻 즉 음陰한 가운데에 쌓여있는 양陽함을 뜻하는 물 가운데의 금(水

中金)이라는 하나로 되어 있다.

다시 말하면 물 즉 감坎괘의 본래 자리인 단전丹田에 들어 있는 납(水鄕鉛)이라는 것에 지나지 않는 것이다. 앞에서 말한 빛을 돌리는 방법은 걸음마를 배우는 처음 단계에서의 기틀을 가리킨 것이다. 밖에서부터 배우고 익혀서 안쪽의 세계를 눌러 다스리는 것이니, 다시 말하면 신하(輔)의 도리로써 임금(主)을 얻는 것이었다.

그것은 배우고 익힘의 경지가 좀 낮은(中下) 사람들이 아래의 두 관문關門을 닦아서, 위에 있는 하나의 관문을 뚫는 일이었다. 이제 이곳에서는 가는 길이 차차로 뚜렷하여지고, 배우고 익히는 일의 요령(機括)이 점점 익숙해진 경우에 대하여 말하고자 하는 것이다. 하늘은 진리의 길을 가는 사람이라고 해서 특별히 사랑하지는 않으니, 진리의 길을 가는 사람 앞에는 많은 시련이 놓여 있다.

이제 우리가 배우고 익히고자 하는 가르침의 위없이 귀중한 뜻(無上宗旨)을 곧이곧대로 말해 버리고자 하니, 배우는 사람들은 이것을 함부로 남들 앞에 드러내지 말며, 오직 몸소 실천하기에 힘 다하기를 거듭거듭 당부한다.

무릇 빛을 돌린다(回光)는 것은 우리가 따르는 가르침을 배우고 익히는 과정 전체를 통틀어서 일컫는 용어이다. 배우고 익힌 경지가 한 층씩, 높이 올라가면 갈수록 빛(光華)의 밝기가 한 차례씩 커지고, 그 빛을 돌리는 방법도 한 차례씩 거듭 표해져 나간다. 앞장에서는 밖에서부터 배우고 익힘으로 말미암아 안쪽의 세계를 눌러 다스리는 것이었는데, 이제는 완전히 안으로 들어가서 가운데에 자리 잡고 살면서 밖의 세계를 거느리는 것이다.

앞의 것을 다시 말하면 신하(輔)가 임금(主)을 옆에서 모시는 것이었고, 이제의 것은 임금을 받들면서 나라의 뜻을 백성에게 미치게 하는 것이다. 그 배우고 익히는 모습이 크게 한번 뒤바뀌게 된다. 진리의 길을 가는 사람(法子)이 변화와 움직임을 여의고 조용함에 들려고(入靜) 하면, 먼저 몸과 마음을 진리의 가르침에 맞게 잘 거두어 잡아서(調攝), 아무런 걸림도 없이 편안하고 평화로워야 한다.

모든 연분(緣)을 내려놓아 버려서 실 한 오라기도 걸려 있지 아니한데, 하늘의 중심(天心)이 가운데의 바른 자리에 자리 잡게 한 뒤에 두 눈을 내려 떠서 발을 내린 듯이 한다. 마치 임금의 뜻을 받들어서 높은 신하들을 불러들이는 것과 같으니, 감히 어느 신하가 달려오지 아니할 수 있겠는가, 그런 다음에 두 눈의 초점을 이끌어서 안으로 단전(坎宮)을 비춘다. 빛(光華)이 이르는 곳에는 태어나기 이전부터 있었던 참다운 양(眞陽)이 나타나서 그에 응한다.

성품性을 상징하는 이離라는 괘는 바같은 양陽하고 속은 음陰한데, 본바탕은 건乾괘이다. 본바탕인 건乾괘와 속에 있는 효에 하나의 음(一陰)이 들어와서 주인이 된 괘인 것이니, 생겨나고 변화하는 사물에 따라서 마음도 생겨나서 흐름을 따라 흘러나와서 이리 굽어 흐르고 저리 굽어 흐르곤 한다.

이제 빛을 돌려서 안쪽을 비추며, 사물의 생겨나고 변화함을 따라서 마음을 생겨나도록 하지 않게 되었으니, 음陰한 기氣는 곧 머무르고, 빛(光華)이 쏟아지며 비춘다. 다시 말하여 잡된 것이 섞이지 아니한 순수한 양(純陽)이 된 것이다. 같은 종류끼리는 반드시 가까워지게 되어 있으므로 명命을 상징하는 감坎이라는 괘의 가운데에 있는 양陽이 위로 올라가게 된다.

이와 같이 위로 올라가게 되는 양陽은 본바탕이 되는 감坤괘의 속으로 건乾괘에서 하나의 양(一陽)이 들어와서 이루어진 것이므로 본래 감坎괘의 양陽이 아니라고 할 수 있으며, 어디까지나 건乾괘의 양陽이 건괘의 양에 응하는 것이라고 할 수 있다.

이離괘 가운데의 음陰과 감坎괘 가운데의 양陽이라는 두 물질이 한번 만나게 되면, 곧 서로 묶어지고 맺어져서 흩어지지 않게 되고, 우주 자연의 근원을 이루고 있는 것과 같은 기운이 가득 차서 살아 움직이는데, 아주 빠르게 왔다갔다 오르락내리락 가라앉았다가 떠올랐다가 한다.

나 스스로의 단전(元宮) 가운데가 마치 우주의 태초처럼 크게 텅 빈 듯하고 그 크기를 헤아릴 수 없이 커진 듯하여 어리둥절하게 되며, 온몸이 가볍고 묘하여져서 막 날아오르려고 한다. 이른바 온 누리의 산허리에 구름이 꽉 들어차 있는 모습(雲滿千山)이라는 것이다. 그러다가는 오고 가는 발자취가 없어지고, 뜨고 가라앉는 구별이 없어지며, 맥박이 멈추고 기氣의 운행이 멈춘다.

이러한 상태를 두고, 참으로 서로 어울려 합쳐졌다고 한다. 이른바 온 누리의 물마다에 달이 담겨 있다(月涵萬水)라는 것이다. 그때에는 당연히 어둡고 어두운 상태인데, 그 어두운 가운데를 지키고 있노라면 문득 하늘의 중심(天心)에서 한 차례 움직임이 있게 된다. 이것이 곧 하나의 양이 다시 찾아오는 것(一陽來復)이며, 양陽이 살아나기 시작하는 활자시(活子時)라는 것이다.

그러나 이러한 상황 가운데에서 생겨나고 없어지며, 늘고 줄며 변화하는 소식은 더욱 자세하게 설명할 필요가 있다. 보통 사람은 한번 보거나 듣는 경우에는 귀나 눈이 사물을 따라가면서 움직이다가 사물이 없어지면 그친다. 이러한 움직임(動)이나 움직이지 아니함(靜)은 모두가 보통 사람들의 경우인데, 이렇게 되면 그 사람 전체를 주재하는 대뇌의 능력을 의미하는 하늘의 임금(天君)은 사물을 지배하고 거느리는 본래의 역할을 해내지 못하고, 오히려 그것을 따라다니는 역할을 하게 되어서 언제나 음陰한 기운의 능력을 의미하는 귀鬼와 더불어 살 수밖에 없게 된다.

그러나 우리의 가르침을 배우고 익힌 이제는 한번 움직이거나(一動) 움직이지 아니함(一靜)이 모두 귀鬼가 아니라 양陽한 사람(人)이 나와 더불어 그러하게 되었으니, 나를 주재하는 하늘의 임금(天君)도 이제는 진리에 합쳐진 참다운 주재자(眞人)로 되었다.

그가 움직이면(動) 다른 것들도 그와 더불어 움직이는데(動), 이와 같이 움직일 때에는 상단전上丹田을 의미하는 하늘의 뿌리(天根)에 근거하고, 그가 변화와 움직임을 여의고(靜) 있으면 다른 것들도 그와 더불어 함께 변화와 움직임을 여의고(靜) 있는데, 이와 같이 변화와 움직임을 여의고 있을 때에는 단전丹田을 의미하는 달이 숨어 있는 굴(月堀)에 숨는다.

움직임(動)과 움직이지 아니함(靜)은 끝없이 꼬리를 물고 도는 것이니, 나도 역시 나를 주재하는 하늘의 임금(天君)과 더불어, 움직임과 움직이지 아니함을 끝없이 꼬리를 물고 되풀이한다. 모든 것을 그치고 한가롭게 쉬는 것(休息)은 위와 아래에서 이루어지는 것이니, 나도 또한 나를 주재하는 하늘의 임금(天君)과 더불어 위와 아래의 단전丹田에 이르러서는 모든 것을 그치고 한가롭게 쉰다.(休息)

이른바 하늘의 뿌리(天根)와 달이 숨어 있는 굴(月堀) 사이를 아무런 꾸밈없이 한가롭게 오고 간다는 것이다(天根月堀閑來往). 하단전下丹田을 의미하는 천심天心이 가라앉아서 조용한 상태로 있는데도 불구하고, 나의 뜻이 움직여서 그 시기를 어기게 되는 경우를 일컬어 너무 어린 것을 캐려고 하는 잘못이 있다고 한다.

하단전下丹田을 의미하는 천심天心이 이미 움직인 뒤에 나의 뜻이 움직여서 그것에 응하고자 하는 경우를, 너무 늦은것을 캐려고 하는 잘못이 있다고 한다. 하단전下丹田을 의미하는 천심天心이 한번 움직이려고 할 때에 지체 없이 태어나기 이전부터 나를 주재하던 참되고 무의식적인 뜻(眞意)을 대뇌大惱의 건乾이라는 궁궐로 올라가 있게 하고, 신神의 빛으로 하여금 정수리를 보도록 하여서 그 움직인 것을 이끌어 올린다.

- 146 -

이것이 바로 움직임이 있을 때에 정확하게 그 시기를 맞춘다는 것이다. 이렇게 하여서 하단전下丹田(天心)에서 움직이던 단丹이 이미 건乾이라는 궁궐로 올라가 있게 되면, 물속에 둥실 떠 있는 듯하고, 스스로 "이제는 되었다" 하고 만족해하며, 갑자기 모든 변화를 여의고 고요해지려고 한다. 이때에는 재빨리 태어나기 이전부터 나를 주재하던 참되고 무의식적인 뜻(眞意)으로써 그 단丹을 이끌고 내려와서 중단전中丹田을 의미하는 황정黃庭에 들어가게 해야 한다.

그리고는 눈빛으로 단전丹田을 의미하는 중황中黃에 있는 정신의 방(神室명치끝)을 본다. 이미 모든 변화를 여의고 고요해지려고 하는 경지에 이른 사람이 이 경지에 이르면 한 생각도 생겨나지 않는다. 그러니 내면의 세계를 보고 있던 사람이라도 갑자기 자기가 보고 있다는 사실을 잊어버린다.

이러한 때가 되면 몸과 마음이 한바탕 크게 놓여 버리고, 모든 연분이 자취도 없어지고 마는 경지로 되어서 이제까지 나의 하단전下丹田과 상단전上丹田의 정신의 방(神室)에 차려 놓고서 불을 때고 단丹을 불리던 화로(爐)와 솥(鼎)조차도 어디에 있는지 모르게 된다. 나의 몸을 찾아보려고 하여도 그렇게 되지 않는다. 이러한 경지를 두고 하늘이 땅속으로 들어간 경지(天入地中)요, 모든 훌륭하고 묘한 것들도 그 뿌리로 돌아간(衆妙歸根) 때라고 한다.

이것이 바로 정신神을 엉겨 모이게 하여, 하단전下丹田을
의미하는 기의 구덩이(氣穴)에 들어가게 하여 봉하여 두는
(凝神入氣穴) 일이다. 빛을 돌리는 가르침을 배우고 익히는
과정을 하나로 묶어 보면 다음과 같다. 처음에는 흩어진 것
들을 거두어들이려고 하는 과정으로서는 사람의 여섯 감각
기관을 사용하는 일을 하지 않는다. 이 과정을 두고 사람의
본래 타고난 근원(本源)을 어머니의 뱃속에서 태아를 기르듯
기르는 과정(涵養本源)이요, 등잔에 기름을 다시 채워서 꺼
져 가는 불꽃을 다시 살려내듯이 명命을 잇는 과정(涵油接
命)이라고 한다.

그리하여 이미 거두어들여진 것들은 저절로 아무런 말썽
도 일으키지 않고 한가롭게 모여 있으니, 깃털 하나 들어 올
릴 힘조차도 쓰게 될 필요가 없게 된다. 이러한 과정을 두고
사람이 비롯된 근원을 이루는 기가 들어 있는 구멍을 의미
하는 단전에 정신神이 편안히 있는 과정(安神祖竅)이요, 태
어나기 이전부터 있었던 것들을 거두어들여서 모아 놓은 경
지(翕聚先天)라고 한다.

그리하여 이미 그림자나 산울림 같은 것들이 모두 없어져
버리고 나면, 마음이 쓸쓸할 정도로 고요하면서 흩어짐 없이
한곳에 크게 머무르게 된다. 이러한 과정을 두고 마음이 단
전丹田을 의미하는 기의 구덩이(氣穴)에서 겨울잠을 자듯이

웅크려 감추어져 있는 경지(蟄藏氣穴)요, 여러 가지 훌륭하고 묘한 것들이 모두 그것이 자라나온 본래의 뿌리로 들어간 경지(衆妙歸根)라고 한다.

이러한 빛을 돌리는 가르침을 배우고 익히는 과정은 하나의 마디 가운데에 세 가지 마디가 갖추어져 있다. 하나의 마디 가운데에 아홉 가지의 마디가 갖추어져 있는 이치도 있는데, 그러한 이치는 배우고 익힘을 계속하며 기다리면, 뒷날에 가서 저절로 그러한 이치로부터 우러나는 능력을 떨쳐 낼 때가 온다.

지금은 하나의 마디 가운데에 세 가지 마디가 갖추어져 있는 경우에 대하여 말한다. 그 사람의 본래 타고난 근원을 어머니의 뱃속에서 태아를 기르듯 기르는 과정(涵養)에서 처음으로 변화와 움직임을 여의고 조용한(靜) 때가 되면, 태어나기 이전부터 있었던 것들을 거두어들여서 모아 놓은 일(翕聚)도 역시 어머니의 뱃속에서 태아를 기르듯 기르는 일(涵養)로 되고, 마음이 단전丹田을 의미하는 기의 구덩이(氣穴)에서 겨울잠을 자듯이 웅크려, 감추어져 있게 하는 일(蟄藏)도 역시 어머니의 뱃속에서 태아를 기르듯 기르는 일(涵養)로 되어 버리고, 뒤에 이르면 그러한 어머니의 뱃속에서 태아를 기르듯 기르는 일(涵養)이 모두 마음의 단전丹田을 의미하는 기의 구덩이(氣穴)에서 겨울잠을 자듯이 웅크려 감추어져 있게 하는 일(蟄藏)인 것이다.

그렇게 되는 가운데에 들어 있는 한 층의 과정은 그러한 이치로부터 미루어 알 수 있을 것이다. 있는 장소(處)를 바꾸지 않으면서도 그 있는 장소가 여럿으로 나누어지니, 이러함을 두고 모습 없는 구멍(無形之竅)이라고 한다. 천개 만개 장소(處)가 결국 하나의 장소(一處)이다. 그 해당하는 시간(時)이 변경되지 아니한 채로 시간이 나눠지니, 그것들 두고 어떠한 시간적인 마디를 나눌 수 없는 시간(無候之時)이라고 한다.

태초에서 하늘과 땅이 갈라질 때로부터 시작하여 시간이 흐르면서 다시 돌고 돌게 되는 시간의 큰 마디 작은 마디들(元會運世)이 결국 하나의 순간인 것이다. 무릇 마음은 더 이상 조용할 수 없을 정도까지 변화와 움직임(動)을 여의고, 조용해짐이 끝까지 이르지(靜極) 않으면 움직일 수 없는 것인데, 움직이고 움직여서 함부로 움직이는 것은 본래의 바탕(本體)이 움직이는 것이 아니다.

그러므로 어떠한 일이나 물질을 느껴서 일어나는 움직임을 본성性에서 피어나온 욕심(欲)이라고 한다. 만약 어떠한 일이나 물건(物)에도 느껴지지 않고 움직인다면, 그것은 곧 하늘의 움직임인 것이다. 그러므로 어떠한 일이나 물질 때문에 움직이는 것은 본성性에서 피어나는 욕심(欲)이라는 것이며, 만약 어떠한 일이나 물건(物)에도 느껴지지 않고 저절로 움직이는 것이 있다면, 그것은 하늘의 움직임 이라는 것을 알 수 있다.

마음이 하늘의 움직임에 의하지 않고 움직이는 경우에는 하늘(天)이라는 용어에 대립하여서 본성性이라는 용어를 쓰는데, 그 경우에 쓰이는 본성性이라는 용어를 설명하자면 결국 욕심(欲)이라는 용어에 떨어지게 된다. 욕심(欲)이라는 것은 어떠한 일이나 물건이 있는 곳(有物)에 있게 되는데, 이것은 그 있어야 할 자리를 떠나 살피고 있는 생각(出位之思)이며 움직이고 또 움직인다.

하나의 생각도 일어나지 않으면, 곧 큰 길에서 벗어나지 않는 바른 생각(正念)이 생겨나니, 이것이 태어나기 이전부터 나를 주재하던 참되고 무의식적인 뜻(眞意)이라는 것이다. 고요한 상태로 흩어짐 없이 한곳에 크게 머물러 있노라면 하늘의 기틀(天機)이 갑자기 움직인다. 그것은 아무런 생각이 없는데도 일어나는 움직임이 아니겠는가,

저절로 그러한 대로 놔두고 인위적인 요소를 없애며 배우고 익힌다(無爲而爲)는 것이 바로 이 뜻이다. 이 장章의 첫머리에 나오는 시詩의 첫 두 구절은 황금 꽃(金華)의 모든

작용을 하나로 묶어서 말하고 있는 것이다. 그 다음의 두 구절은 해와 달이 서로가 서로의 본바탕이 된다는 뜻이다. 한여름(六月)이란 곧 괘로는 이離괘요 오행으로는 불(火)이다. 흰 눈이 날린다.(白雪飛)는 것은 곧 이離괘 가운데에 있는 음효陰爻에 해당하고 태어나기 이전 상태에서의 참된 음(眞陰)이 그 본래 있었던 상태인 곤坤괘로 되돌아가려고 하는 것이다.

한밤중(三更)이란 곧 괘로는 감坎괘요 오행으로는 물(水)이다. 둥근 해(日輪)라는 것은 곧 감坎괘 가운데에 있는 양효陽爻에 해당하는 하나의 양(一陽)이 이글거리며 그 본래 있었던 상태인 건乾괘로 되돌아가려고 하는 것이다.

감坎괘의 것을 가져다가 이離괘에 채우는 일(取坎塡離)에 대한 가르침이 이 가운데에 들어 있다. 그 다음의 두 구절은 돌아가는 바퀴의 바퀴통과 같은 역할을 하고, 마음의 세계에서 북두칠성의 자루(斗柄)에 해당하는 것의 작용, 다시 말하면 빛(光)이 돌 때에 올라가고 내려가게 되는 모든 기틀을 설명하고 있다. 그것이 물 가운데에서 숨을 쉬는 것이 아니겠는가,

거센 호흡을 가리켜서 손巽괘로써 상징되는 바람(巽風)이라고 하는데, 그것에는 눈길을 어떻게 가지느냐 하는 문제도

포함된다. 눈빛(目光)을 나의 몸의 감坎괘에 해당하는 곳에 비추어 들어가서 태양太陽한 정精을 끌어 모으는 일인 것이다. 하늘 위(天上)라는 것은 곧 나의 몸의 건乾괘에 해당하는 곳이다. 하늘 위로 헤엄을 치듯 돌아갔다가 다시금 내려와서 유순하고 모든 것을 싣고 있는 땅의 공덕으로 먹여 키운다는 것은 곧 정신神이 기氣의 가운데로 들어가는 것이고, 하늘이 땅속으로 들어가는 것이며 불을 기르는 것(養火)이다.

끝의 두 구절은 지극한 가르침(訣) 가운데 지극한 가르침이다. 지극한 가르침 가운데의 가르침이라는 것은 처음부터 끝까지 떨어져 있을 수 없는 것이다. 이른바 마음을 씻고(洗心) 생각을 털어 버린다(滌慮)는 것으로서 빛을 돌리는 가르침을 배우고 익히는 일 가운데에서 따뜻한 물로 머리 감고 몸 씻는 일(沐浴)에 해당한다.

성인聖人의 가르침을 배우는 일(聖學)은 먼저 그칠 곳을 아는 것(地支)으로부터 비롯하여서 지극한 선(至善)에 그쳐 머무르는 것에서 끝나는데, 결국 끝없이 커서 무어라 말할 수 없는 우주 자연의 큰 근원(無極)에서 시작하여 다시 그 큰 근원(無極)으로 돌아가는 것이다. 부처의 가르침에서는 "어떠한 곳에도 머무르지 않도록 하여서(無住), 그 마음 자체를 살리라(生其心)"는 것으로써, 부처님과 여러 높은 스님들이 지은 불교 경전(大藏敎) 가운데에서도 하나의 큰 가르침으로 삼고 있다.

우리가 따르는 가르침인 도교에서는 "텅 빈 상태에 이른다(致虛)"는 말로써 본성性과 명命을 닦는 모든 일을 모두 완성하고 있다. 이러한 세 갈래의 가르침(三敎)을 뭉뚱그리면 한마디 말에 지나지 않게 되는데 그것은 죽음을 벗어나서 삶을 보호하는 신령한 단(神丹)이라는 것이다.

신령한 단(神丹)이란 어떠한 것인가, 어떠한 곳 어떠한 경우에서든 언제나 마음의 움직임이 없는 것(無心)일 뿐이다. 우리가 따르는 가르침인 도교에서 가장 알기 어렵고 감추어져 있는 것은 머리 감고 몸 씻음(沐浴)이라는 것인데, 이 하나의 일을 온전하게 배우고 익히기 위해서는 "마음을 아무 것도 빌붙을 바 없도록 비우라(心空)"는 말만 가지고도 그 일을 다 이루어 마칠 수가 있다.

이제 한 마디의 말로써 가르쳐 주어서 막힌 벽을 깨뜨려 버렸으니, 이 일에 대한 확실한 가르침을 얻으려고 이 스승 저 스승을 찾아 몇 십 년을 헤매어야 할지 모르는 어려움을 줄일 수 있게 되었을 것이다. 그대들이 하나의 마디 가운데에 세 가지 마디가 갖추어져 있다는 말의 뜻을 잘 알지 못한 듯하여, 불가佛家에서 말하고 있는 공관空觀. 가관假觀.

중관中觀이라는 세 가지 진리를 보는 입장에 비유하여 설명한다.

세 가지 진리를 보는 입장으로는 먼저 공관空觀이 있는데, 그것은 모든 사물을 모두 영원히 변하지 않는 본질을 가지고 있지 못하므로 빈 것(空)이라고 보는 입장이다. 다음으로는 가관假觀이 있는데 그것은 비록 그와 같이 빈 것(空)임을 알았다 하더라도, 모든 사물을 허물어 버리지 않고 그 빈 가운데에다가 모든 것을 세워 두는 입장이다. 또한 그와 같이 모든 사물을 허물어 버리지 않고 세워 두면서도 그 모든 사물에 빌붙지 않는 입장이 있으니 이것을 중관中觀이라고 한다.

모든 것이 비어 있다고 보는 공관空觀을 닦을 때에도 모든 사물은 허물어 버릴 수 없음을 알면서 또한 그에 빌붙지도 않아야 하는데, 이러한 상태는 세 가지 입장을 아울러 가지고 있는 것이다. 그러나 결국에 가서는 그 보는 입장이 비었음을 깊이 깨달아 얻게 된다.

그러므로 공관空觀을 닦으면 공空은 그대로 비어 있고, 가假도 또한 비어 있고 중中도 또한 비어 있게 된다. 모든 사물이 영원히 변하지 않는 본질이 없어 비어 있지만, 허물어지지 않는다는 가관假觀을 닦으면, 작용과 이용하는 방면에서 깊이 깨달아 얻는 바가 대부분을 차지하게 되니, 가假는 그대로 허물어지지 않는 채로 있고, 공空도 역시 허물어지지 않는 채로 있고, 중中도 또한 허물어지지 아니 하는 채로 남아 있다.

☞

여조사는 말씀하시길 세 가지 진리를 보는 입장에 비유하여 설명한다고 하였는데, 그것을 공관(空觀)·가관(假觀)·중관(中觀)의 삼관(三觀)이라 한다. 그러한 삼관이란 생사 번뇌의 경지에서 벗어나 열반 보리(菩提)에 들어가는 도를 닦는 관법을 말한다.

공관(空觀)은 삼라만상이 모두 공무(空無)하므로 한 물건도 실재하는 바가 없다는 관으로서, 제법무아와 제행무상의 도리를 깨닫는 것이다. 가관(假觀)은 삼라만상의 어느 한 물건도 실재하는 것은 아니지만 현상적으로는 분명하게 있다고 보는 관법으로서, 티끌처럼 많은 미혹도 실제로는 있음과 없음을 분간하면서 생겨난 것이다.

무한한 공이 원성실성이라면 달빛처럼 생겨난 거짓된 세계를 실재한다고 믿는 변계소집성으로 인하여 집착과 욕망이 생겨난다. 그래서 번뇌를 끊지 못하고 고통 받는 삶을 벗어나지 못한다. 그러한 변계소집성을 거짓된 관이라고 보는 것이다.

　중관(中觀)은 중도관이라고도 하며 미혹을 일으키는 있음과 없음에서 벗어나, 공도 아니고 유(有)도 아닌 중제(中諦)의 이치를 직관함으로써 진리를 관하는 것이다. 만일 세상이 공하다고만 본다면 진리를 향하려는 구도심은 생겨나지 않을 것이다.

　그래서 붓다는 욕망 중에서 진리를 향해 가려는 구도의 욕망은 반드시 필요한 것이라고 하였다. 또한 세상이 실재라고만 본다면 집착으로 인한 욕망과 분노의 불길은 끝없이 타오를 것이다. 그렇기에 중관이란 공관과 가관을 모두 섭렵하면서도 부정하는 둘 아님의 입장을 견지하는 것이다.

　여조사는 이어 말씀하시길, 세 가지 진리를 보는 입장으로는 먼저 공관空觀이 있는데, 그것은 모든 사물을 모두 영원히 변하지 않는 본질을 가지고 있지 못하므로 빈 것(空)이라고 보는 입장이다. 다음으로는 가관假觀이 있는데 그것은 비록 그와 같이 빈 것(空)임을 알았다 하더라도, 모든 사물을 허물어 버리지 않고 그 빈 가운데에다가 모든 것을 세워 두는 입장이다. 또한 그와 같이 모든 사물을 허물어 버리지 않고 세워 두면서도 그 모든 사물에 빌붙지 않는 입장이 있으니 이것을 중관中觀이라 한다고 하였다.

모든 것이 비어 있다고 보는 공관空觀을 닦을 때에도 모든 사물은 허물어 버릴 수 없음을 알면서 또한 그에 빌붙지도 않아야 하는데, 이러한 상태는 세 가지 입장을 아울러 가지고 있는 것이다. 그러나 결국에 가서는 그 보는 입장이 비었음을 깊이 깨달아 얻게 된다고 하였다.

즉 세 가지 입장을 아울러 가지고 있지만 결국에 가서는 그 보는 입장이 비었음을 깊이 깨달아 얻게 된다고 하였는데 곰곰이 살펴야 할 대목이다. 가령 어떤 사람이 모든 것은 무상하다고 말하면서 무상하다는 견해를 지닌 사람이 있다면 그는 잘못된 관을 지닌 것이다.

왜냐하면 모든 것이 무상하다면 무상하다고 생각하는 그것까지도 무상할 터인데 그것은 붙들고 놓지 않는 까닭이다. 만일 참으로 무상한 도리를 깨쳤다면 그는 무상하다거나 혹은 무상하지 않다거나 하는 견해조차 지닐 필요가 없을 것이다. 그래서 어떤 견해라도 짓고 있다면 그것이 무명이다. 물론 여조사가 이와 같은 입장을 지니고 '보는 입장이 비었음을 깊이 깨달아 얻는다.'고 한 것인지는 그에 대한 설명이 없으므로 분명치 않다.

이어 말하기를, 그러므로 공관空觀을 닦으면 공空은 그대로 비어 있고, 가假도 또한 비어 있고 중中도 또한 비어 있게 된다. 모든 사물이 영원히 변하지 않는 본질이 없어 비어 있지만, 허물어지지 않는다는 가관假觀을 닦으면, 작용과 이용하는 방면에서 깊이 깨달아 얻는 바가 대부분을 차지하게 되니, 가假는 그대로 허물어지지 않는 채로 있고, 공空도 역시 허물어지지 않는 채로 있고, 중中도 또한 허물어지지 아니 하는 채로 남아 있다고 하였다.

여조사는 비어 있음에도 허물어지지 않는 비어 있음을 말하고 있다. 비어 있음은 허물어질 수도 없다. 허물어질 무언가가 존재하지 않는 까닭이다. 그렇기에 공함이란 텅 비어 아무 것도 없다고 생각하는 견해는 단멸론이며, 또한 부서질 것 없는 텅 빔은 영원하다고 생각하는 견해는 상주론이다.

붓다는 단멸론과 상주론을 모두 부정하였다. 무엇 때문인가, 견해를 일으키기 때문이다. 붓다 당시의 여러 종파가 있었지만 붓다는 그들을 전부 외도라고 몰아 세웠다. 물론 불교가 아니므로 다른 종파이기는 하지만 그뿐만이 아니라 그들은 무언가를 인정하는 견해를 지녔기 때문이다.

세상은 창조주에 의해 건립되었다거나, 아트만이라는 영원 불멸의 자아가 신봉의 대상이라거나, 심지어는 창조주에 의해 건립된 것이 아니라는 견해를 지녔더라도 그들은 정법을 벗어난 외도일 뿐이다. 견해 지음으로 인해서 본성을 가로막는 까닭이다. 우리들 본성은 늘 변함없고 한결같은 그대로 존재한다. 그것이 우리들 본성이다. 그런데 그러한 참된 본성을 가로막는 것은 다름 아닌 거짓된 자아를 지녔기 때문이다.

거짓된 자아를 내세운다면 참된 본성은 그 모습을 드러낼 수가 없다. 만일 내가 그대로 나인데 다시 나라는 견해를 짓는다면 그것은 말이나 생각으로 이것이 나라고 가리키고 있는 것이다. 그렇게 되면 진짜의 나와 나를 가리키는 거짓된 나가 존재하게 된다.

나를 가리키려면 내가 아닌 것으로 가리켜야 하는데, 내마음과 생각으로 나를 가리키고 있으니 그것이 거짓된 나를 내세우는 것이다. 인간은 그로부터 무명의 길로 들어선 것이다. 그렇기에 깨달음을 얻고 구하려는 것도 내가 본래 깨달음이며 나를 떠나서는 깨달음도 없을 터인데, 깨달음이라는 견해를 지녔다는 것은 거짓된 나를 내세운 것이다. 그로 인해 깨달음의 길이 막혀버린 것이다.

그러므로 어떤 견해라도 붙들고 있다면 붓다는 그것이 외도라고 말했던 것이다. 실제로도 수많은 종교가 있지만 무언가를 인정하는 종교라면 몇 천 년을 흘러왔어도 깨달은 사람들은 나타나질 않은 것이 그것을 증명하고 있다. 도교에서도 불교와 흡사한 점은 많지만 불교의 사상과 전적으로 달리하는 것은 견해 지음이 무명이라는 것을 언급하지 않고 있다.

물론 인간이기에 여러 사상을 접하면 나름대로 자신의 소견을 지닐 수도 있고 견해를 밝힐 수도 있다. 그러나 이것만이 옳다면서 다른 것은 틀렸다는 집착을 지녔다면 그것이 견해에 붙들려 있는 것이다. 그것에 의해 본성이 가로막히는 문제를 낳는 것이다. 그래서 어떤 견해를 지니더라도 어째서 그런지에 대한 이해가 우선 되어야 한다. 그래야 내 것만이 옳다는 집착을 일으키지 않는다.

설령 어떤 견해를 지녔다 해도 그것이 보는 입장에 따라 달라질 수 있음을 살펴야 한다. 똑같이 강물에 비친 달을 보고 걷는 사람일지라도 한 사람은 강 건너에 있고 한 사람은 강 쪽에 있다면 달은 제각각 다른 방향으로 갈 것이다. 또한 같은 달을 보더라도 우리가 사는 지구의 반대편에서 보는 사람은 달라진 달의 모양을 보게 된다.

이 같음을 이해한다면 굳이 자신의 견해를 주장하려 들지는 않을 것이다. 세상은 인연으로 모습을 드러냈기에 언제든 모습이 변해 간다. 오늘의 나도 어제의 내가 아니고 내일의 나는 오늘의 내가 아닐 것이다. 그러므로 눈에 형상으로 나

타나는 것들에 대하여 짓는 견해란 어찌 보면 어리석음이
아닐 수 없다.

그것들은 마치 눈병 걸린 사람이 달을 보면서 곁엣달을
보는 것과 같다. 그러한 곁엣달에 대하여 내 맘에 들거나 혹
은 안 든다고 분별하거나 곁엣달이 있다든지 없다든지 하는
견해를 짓는 것은 지혜로운 사람이 행할 바는 아닐 것이다.

♀ ♀

중(中)의 길을 갈 때에도 역시 모든 것이 영원히 변하지 않
는 본질을 갖지 못하여서 비어 있다는 이치(空)를 그려보게
되지만, 사람들이 부르기를 공(空)이라 하지 않고 중(中)이라고
부르는 것이며, 비어 있으면서도 허물어 지지 않는다고 보는
입장(假觀)을 가질 때에도, 역시 그것을 가(假)라고 하지 않고
중(中)이라고 부르는 것이다.

비었으되 허물어지지 않는다고 보지만, 그에 빌붙어 있지
않는 중(中)을 지키는 입장일 때에는 더 말할 필요 없이 중(中)
이라고 부른다. 내가 비록 때로는 이(離)괘 하나만을 말하고
때로는 감(坎)괘도 아울러서 말하였지만, 끝에 가서는 말 한마
디도 움직여 옮겨 놓은 것이 없다. 이 가르침을 처음 말할
때에 "배우고 익히는 일에 있어서 여닫이문의 지도리(경첩)
처럼 중요한 곳은 두 눈(目)에 모두 들어 있다"라고 드러내

놓고 말하였다.

이른바 문지도리(樞機경첩)라는 것은 어떤 작용(用)이다. 그것을 이용하여 우주 자연의 운행 변화가 수레바퀴 구르듯 굴러 나간다는 것이지, 그 우주 자연의 운행 변화가 그것에 머물러 있다는 말이 아니다. 여섯 가지의 감각 기관(六根)이나 얼굴의 일곱 구멍이 모두 빛(光明)이 갈무리 되어 있는 곳인데, 어찌 두 눈만 가지고 말하고, 다른 것은 모두 언급하지 않는가,

감坎괘의 가운데에 있는 양陽을 이용하면서 이離괘에 해당하는 곳의 빛(離光)을 이용하여, 그것을 비추고 끌어 모으면 다름 아니라 밝음이요, 해와 달의 합쳐짐(明)이 된다. 이름을 원육元育이라 하고 북정北宗의 법파인 주운양 스승께서는 일찍이 "눈먼 사람은 진리의 길을 닦기에 마땅하지 않지만, 귀먹은 사람은 괜찮다."라고 말하였는데, 나의 말과 조금도 다를 바가 없다. 특별히 그 주主되는 것과 보조(輔)되는 것의 중요하고 중요하지 아니함을 밝혔을 뿐이다.

해와 달은 근원에 있어서 하나의 물건으로 보아야 한다. 해 가운데에 품어져 있고 어두운 부분이 참다운 달의 속 알맹이(精)이다. 달굴(月窟)이라는 것은 달에 있지 않고 해에 있다. 그렇기 때문에 달의 굴(月之窟)이라고 하는 것이며, 그

렇지 않다면 그저 달이라고만 하여도 충분할 것이다.

달 가운데에 있는 흰 부분이 참다운 해의 빛이다. 햇빛(日 光)은 오히려 달 가운데에 있다. 그렇기 때문에 하늘의 뿌리 (天之根)라고 하는 것이며, 그렇지 않다면 그저 하늘(天)이라 고만 하여도 충분할 것이다. 하나의 해와 하나의 달로 나누 어 버리면, 각각 반개씩에 그치게 되고, 합해야만 한 개의 온전한 덩어리로 이루어진다. 마치 홀아비와 홀어미가 각각 홀로 살면 가정을 이루지 못하지만, 지아비와 지어미가 되고 나면 하나의 가정이 완전해지는 것과 같다고 할 수 있다.

그러나 물건에 있어서는 꼭 사람의 경우와 같다고 말하기 어려우니, 지아비와 지어미가 나누어져 버려도 완전히 잃어 버리는 것이 아니라 두 개의 사람으로 남아 있게 되지만, 해 와 달이 나누어져 버리면 온전한 덩어리를 이루지 못하게 되는 것이다.

이러한 이치를 안다면 눈과 귀의 관계도 그와 비슷하다는 것을 알 것이다. 내가 눈이 먼 사람을 말할 때에는 귀도 이 미 없는 경우이며, 귀가 먼 사람을 말할 때에는 눈도 이미 없는 경우이다. 이와 같은 이치로 사물을 보게 되면 어떠한 하나의 물건을 말하거나, 어떠한 두 개의 물건을 말하거나 여섯 가지 감각 기관을 말하거나 간에 같은 이치를 적용할 수 있게 된다.

여섯 가지 감각 기관(六根)을 말할 때에는 그 여섯 가지 감각 기관이 전체로서 하나의 감각 기관(一根)이 되는 것이며, 얼굴에 있는 일곱 구멍(七竅)을 말할 때에는 그 일곱 구멍이 전체로서 하나의 구멍(一竅)이 되는 것이다. 나의 말은 그 말이 무엇에 대한 것이든 다만 그 서로 통하는 곳만을 뚫어서 드러내 놓는 입장에서 그치고 있다. 그렇기 때문에 둘(兩)이라는 것을 보지 않는데, 그대들은 오로지 서로 가로 막혀 있는 곳에만 달라붙어 있기 때문에 곳과 경우에 따라서 보는 눈빛(眼睛)을 다르게 바꾸어 버리곤 하는 것이다.

☞

여조사는 이르길, 해와 달은 근원에 있어서 하나의 물건으로 보아야 한다. 해 가운데에 품어져 있고 어두운 부분이 참다운 달의 속 알맹이(精)이다. 달 가운데에 있는 흰 부분이 참다운 해의 빛이다. 햇빛(日光)은 오히려 달 가운데에 있다고 하였는데 우리가 볼 때는 해는 해고 달은 달이라는 논리를 넘어서 있다.

가령 눈이 먼 사람은 귀도 온전치가 못하다. 왜냐하면 보이질 않으므로 말로만 들어서는 올바른 해석이 불가능한 때문이다. 어떤 어리석은 사람이 길을 가다가 전봇대에 부딪힐

뻔하였다. 옆에 지나던 사람이 그것을 보고는 전봇대라고 소리쳤다. 그러자 어리석은 사람이 깜짝 놀라 전봇대 앞에 섰는데 거기에는 불조심이란 팻말이 붙어 있었다. 그러자 불조심을 가리키며 전봇대라고 말했다.

얼마큼 가다 보니 전봇대가 있었는데 거기에는 '산불조심'이라는 팻말이 붙어 있었다. 그러자 그는 팻말을 가리키며 '또전봇대' 라고 말했다. 그리고 또 얼마큼 가다보니 전봇대에 '담배불조심' 이란 팻말이 붙어있었다. 그는 의기양양하게 팻말 앞에 서서 한자 한자 가리키며 말했다. '또전봇댈걸'

태생부터 눈 먼 사람에게 파란 하늘이란 말을 설명해 주어도 그는 알아들을 수 없다. 귀먹은 사람도 마찬가지로 사물을 볼 순 있지만 그것의 용도를 설명해 주어도 알아듣지 못하므로 직접 사용해 보여주어야 한다. 이처럼 눈과 귀가 한 묶음이 되어 움직이므로 어느 한 쪽이 망가졌다면 다른 한 쪽도 온전할 수가 없다.

세상은 마치 자석의 N극과 S극이 맞물려 돌아가듯 음양의 조화를 통해 움직인다. 해가 N극이라면 달은 S극이고, 남자가 N극이라면 여자는 S극이다. 행복이 N극이라면 불행은 S극이고 번뇌가 N극이라면 해탈은 S극이다. 둘은 제각각 별개로 존재하는 것이 아니다. 그러나 우리는 N극과 S극을 한 묶음으로 보질 못한다. 그것이 고통의 시작이다.

아무리 내가 원하는 한 극단만을 취하려 해도 어느 틈에 다른 극단이 들어서기 때문이다. 그래서 고통을 느끼기 때문에 마음을 찾아 나선다. 마음만 정복하면 모든 고통을 넘어설 수 있다고 여기는 까닭이다. 그러나 우리가 찾는 그 마음이 N극이라면 찾아 헤매는 마음은 S극이다.

둘은 결코 동떨어진 무엇이 아님을 알 때 우리의 방황은 멈춘다. 그것이 깨달음이다. 깨달음이란 참으로 어려운 일이 아닌데도 그것을 성취하기란 대단히 어렵다. N극과 S극을 잘라 내어 자신이 원하는 바를 취하고자 하지만 잘라낸들 번번이 생겨나는 것이 N극과 S극이다.

인간에게 깨달음이란 아무 것도 아닌 것 같으면서도 마음 속 깊이 누구나 원하고 있다. 무엇보다 소중한 것은 자신이기 때문이다. 그래서 고통의 늪에서 건져 올리고 싶고, 맑고 향기로운 연꽃처럼 번뇌에 물들지 않으면서 하루하루를 살아가고 싶어 한다. 사실 깨닫고자 하는 것은 안 죽고 병 안 걸리고 안 늙으려는 것은 아닐 것이다.

그것은 깨달아도 변하는 바가 없다. 또한 고통과 불행이 완전히 떠나고 즐거움과 행복만이 내 앞을 서성거리도록 만들려는 것도 아니다. 인간은 즐거움과 행복 앞에서 타락의 길로 접어드는 경우가 많은 탓이다. 따라서 깨닫고자 하는 것은 오로지 마음을 문제 삼지 않으려는 것이다.

마음을 문제 삼지 않으면 문제될 일은 없으며 이 마음을 버리고 저 마음을 찾아 나설 필요는 없을 것이다. 그러나 마음을 문제 삼지 않는 것이 생각처럼 쉽지 않은 것은 그러기 위해서는 집착심이 떨어져야 하는 까닭이다. 그것이 욕망과 분노를 불러들이면서 모든 문제가 발생하기 때문이다. 집착을 떨치려면 세상의 본질이 무아와 무상으로 이루어져 공하다는 것을 발견해야 한다.

그것을 발견하기 위해서는 세상의 즐거움에 탐닉해 있다면 참나를 찾는 여행을 떠나기란 불가능하다. 즐거움을 누리기에도 부족한 삶인데 말이다. 그래서 고통이 진리의 문을 여는 열쇠라고 한다. 따라서 구도의 길로 들어선 사람은 두 가지를 두려워하지 말아야 한다. 그것은 고통과 죽음이다. 삶이란 생로병사의 거친 파도가 쉼 없이 몰려드는 망망대해에서 돛단배 한 척으로 바다를 헤쳐 나가는 여정임을 실감해야 한다.

단 하나의 문제인 마음을 문제 삼지 않기 위해 이처럼 험

로를 벗어나야 하며, 마치 무성한 수풀을 헤치며 나아가는 도전 정신이 없다면 마음은 늘 문제를 일으킨다. 그러나 우리가 착각하기 때문에 애써 노력하면서도 마음에 관한 문제를 풀지 못하는 것이 있다. 그것은 마음의 문제를 풀기 위한 방법을 찾고 있다는 것이다.

그것은 되어 가려는 것과 같아서 국화가 장미로 변하는 것이다. 그러나 본성의 입장에서 보면 온 세상에 존재하는 삼라만상이란 본성 외에는 자체적으로 존재하는 독립적인 실체가 없으므로 모든 것은 그림자와 같고, 인연의 결합으로 생겨난 허깨비와 같다.

그런 까닭에 본성과 별개로 존재하는 마음이란 없다. 마음이란 본성의 나타남이지만 본성을 알지 못한 탓으로 마음을 진실한 무엇으로 여긴다는 것은 인간을 고통의 늪으로 밀어넣기에 충분하다. 그렇기에 국화도 없고 장미도 없는데도 되어 가려는 것은 국화와 장미의 개별적인 실체를 모두 인정하는 셈이다.

따라서 하고자 하는 의도를 지닌 노력이란 무명이다. 무명을 통해서는 올바른 깨달음의 길로 들어설 수가 없다. 더구나 일승법을 무명으로 남들에게 가르치고 이끌려는 것은 큰 허물이며 과보를 짓게 됨이라 경계할 일이 아닐 수 없다. 우리가 어떤 개념을 지녔다는 것도 또한 무명을 끌어안고 있는 것이다. 하늘과 땅이라는 개념도 잘못된 것이며, 하늘과 땅이라는 개념이 들어서려면 땅도 하늘처럼 부서지지 않는 무언가가 존재해야 한다.

그래서 그것을 기반으로 하여 땅도 확실한 뿌리로써 연결되어 있어야 한다. 그러나 땅은 뿌리도 없이 허공에 한 점 티끌처럼 둥실 떠 있을 뿐이다. 하늘과 땅을 말미암아 생겨난 개념이란 허망함이며, 그래서 어떤 개념이라도 마음으로 인정하는 바가 있다면 그것이 무명이다. 그러므로 붓다는 영원불멸의 아트만을 인정하거나 창조주를 인정하는 종교 집단을 외도라고 부른 것이다.

무엇을 믿건 어떤 종교를 따르건 그것이 문제가 아니라 마음을 닦는 구도의 길로 들어선 사람에게는 무명의 개념을 마음에 품고 있다는 것은 잘못된 노력에 발을 내딛게 된다. 목적하는 바가 달라붙지 않도록 향 한 자루 탈 정도만 좌선하며, 행주좌와에서 잘못된 개념에 들지 않게끔 마음을 한 점에 고정시키고, 숨 안 쉬고 살 수는 없는 노릇이라 호흡과 맥박에 집중하여 들숨과 날숨을 눈여겨 지켜봄이 가장 최선이라 할 것이다.

인간은 끝없이 마음에 도전하고 있으며 세상 끝나는 날까지 마음을 정복하기 위한 행렬은 끊이지 않고 이어나갈 것이다. 마음의 문제를 해결하는 그것보다 시급한 일은 없는 까닭이다. 그리고 그것의 첫걸음은 모든 것은 한 묶음이기에 존재할 수 있음을 터득해야 한다.

나를 나라고만 보고 남을 남이라고만 본다면 내가 하는 말에 남은 영향 받지 말아야 하며, 남이 내게 어떤 말을 하더라도 나는 그것에 영향을 받지 말아야 한다. 그러나 그렇지 못하다. 좋은 말을 들으면 기분이 좋아지고 싫은 말을 들으면 기분이 나빠진다.

만일 참으로 나와 남이 별개로 존재한다면 남이 싫은 소리를 한만큼 나도 거기에 맞게 퍼부으면 거기에서 끝나야 한다. 그러나 어찌된 영문인지 더 많이 퍼부었어도 마음이 억눌린다. 그것은 마음과 마음이 서로 N극과 S극처럼 연결되어 있기 때문이다.

그래서 나 없음의 비밀을 발견하지 못하고 나를 주장하려는 아상이 깊을수록 세상에서의 고립은 심화될 뿐이며, 마음은 더욱 문제를 일으키기에 심혈을 기울일 것이다.

제 9장 백날 동안 터전을 쌓음

百日立基地九

呂祖曰。心印經云。回風混合。百日功靈。總之立基百日。方有真光
如。子輩尚是目光。非神火也。非性光也。非慧智炬燭也。回之百日。則
精氣自足。真陽自生。水中自有真火。以此持行。自然交媾。自然結胎。
吾方在不識不知之天。而嬰兒以成矣。若略作意見。便是外道。百日立基
非百日也。一日立基非一日也。一息立基非呼吸之謂也。息者自心也。自
心為息。元神也。元氣也。元精也。升降離合悉從心起。有無虛實。咸在
念中。一息一生持。何止百日。然百日亦一息。百日只在得力。晝中得
力。夜中受用。夜中得力。晝中受用。百日立基。玉旨耳。上真言語。無
不與人身應。真師言語。無不與學人應。此是玄中之玄。不可解者也。見
性乃知。所以學人必求真師授記。任性發出。一一皆驗。

呂祖께서는 다음과 같이 말씀하였다.

심인경에서 "호흡과 빛을 섞어서 임맥과 독맥을 돌리기를
백날 동안 계속하면, 그 효험이 신령해진다(回風混合 白日功
靈)"라고 하였다. 한마디로 말하여 터전이 되는 일을 배우고
익히기를 백날 동안 계속하면 진리의 참된 빛이 나타난다는
것이다.

마치 그대들의 현재 상태의 눈빛은 신령한 불(神火)도 아
니요 본성의 빛(性光)도 아니요 슬기의 횃불이나 촛불(慧智
炬燭)도 아니지만, 백날 동안 계속해서 임맥, 독맥을 돌리게
되면 정精과 기氣가 저절로 충분해지고 태어나기 이전부터

있은 참된 양(眞陽)이 저절로 생겨나는 것과 같다.

그렇게 되면 진리의 참된 불(眞火)이 저절로 물(水) 가운데에 있게 되는데, 이러한 일을 그침이 없이 계속해서 배우고 익혀 나가면, 저절로 감坎과 이離가 서로 어우러지게(交構)되고, 진리의 태아(道胎)가 맺혀지는 일도 저절로 이루어진다. 그제야 나는 한 번 가본 적도 없고 들어서 안 적도 없는 하늘에 가 있게 되고, 진리의 아들(道胎)이 저절로 이루어지게 되는 것이다.

만약 조금이라도 애를 쓰거나 꾸밈이 있으면 그것은 옆길로 들어가는 것이다. 백날 동안 계속해서 터전을 쌓는다(白日立基)고 말하였지만, 그것은 세상에서 낮과 밤이 백번 갈아드는 그러한 백날(白日)이 아니다. 한 날 동안 터전을 세운다(一日立基)고 말할 때에도 낮과 밤으로 이루어지는 하루를 말하는 것이 아니다. 한숨에 터전을 세운다(一息立基)라고 말할 때에도 공기를 들이마시고 내쉬는 호흡을 말하는 것이 아니다.

숨(息)이라는 것은 스스로의 마음이다. 스스로의 마음이 숨으로 되는 것은 태어나기 이전부터 있었고 사람의 본바탕을 이루고 있는 으뜸 되는 신(元神)과 으뜸 되는 기(元氣)와 으뜸 되는 정(元精)이 그러하기 때문이다. 올라가거나(昇) 내

- 173 -

려가거나(降) 서로 떨어지거나(離) 서로 합쳐지는(合) 것이
모두 마음을 따라서 일어나는 것이며, 있음(有)과 없음(無)과
속이 비었음(虛)과 속이 차 있음(實)은 모두 생각(念) 가운데
에 들어 있는 것이다.

한숨(一息)은 한평생 지켜 나가야 되는 것이니, 어찌 백날
동안 계속하는 것에 그치겠는가, 그런가 하면 백날(百日)이
라는 것도 또한 한숨(一息)이다. 백날(百日)이라는 것은 다만
깊이 깨달아 얻는 바에 달려 있을 뿐이다. 낮 동안에 깊이
깨달아 얻은 것이 밤사이에 받아서 이용하고, 밤 동안에 깊
이 깨달아 얻은 것은 낮 사이에 받아서 이용한다.

'백날 동안 계속해서 터전을 쌓는다.(百日立基)'고 하는
말에는 단학의 깊은 뜻(玉眞)이 들어 있다. 높은 진리의 용
어는 사람의 몸에 적용해서 맞지 아니한 것이 없으며, 참된
스승의 말은 배우는 사람마다에 적용되지 아니함이 없다. 이
것은 아득한 가운데 아득함이요, 도교의 진리 가운데 진리
(玄中之中)로서 보통 사람은 풀어낼 수 없는 것이다.

본성을 보고 깨닫게(見性) 되면 알게 될 것이다. 그렇기
때문에 배우는 사람은 반드시 참된 스승의 말이나 글로 써
서 가르쳐 주심을 찾아서 배우고 익혀야 하며, 그렇게 하여
본성에 맡겨서 저절로 피어 나오게 해야 하며 하나하나 모

두 증험해 보아야 하는 것이다.

☞

이 장에서 여조사는 호흡이 하단전에서부터 등 척추인 독
맥을 타고 상단전인 정수리로 올랐다가 다시 가슴으로 내려
가는 임맥을 타고 하단전으로 내려 보내는 수련법을 말씀하
셨다. 그것은 호흡이란 공기를 들이쉬고 내쉬는 것에 국한되
는 것이 아니라 숨(息)이라는 것은 스스로의 마음이다. 스스
로의 마음이 숨으로 되는 것은 태어나기 이전부터 있었고,
사람의 본바탕을 이루고 있는 으뜸 되는 신(元神)과 으뜸 되
는 기(元氣)와 으뜸 되는 정(元精)이 그러한 때문이라고 하
였다.

그러므로 호흡으로 인체 내에서 타 버린 공기는 내쉼을
통해 밖으로 보내고 들숨을 통해 신선한 공기를 공급하면서
기氣가 돌아가야 목숨도 보존하게 되는 것이다. 허공은 생명
에너지인 '프라냐' 라는 원소로 이루어졌기 때문에 모든 생
명체가 허공을 숨 쉬어야 목숨을 보존하게 된다. 그러므로
숨이란 것은 태어나기 이전부터 있었던 스스로의 마음이며,
사람의 본바탕인 원신과 원기와 원정이 호흡인 까닭이라고
한다.

그처럼 소중한 호흡을 우리는 아무런 가치를 느끼지 못할

정도로 너무 쉽게 대하고 있었던 것은 사실이다. 그러나 숨 쉬는데 힘들 정도가 되면 편하게 숨 쉬는 것이 얼마나 절실한 일인지 느끼겠지만, 그것은 목숨을 오래 보존하기 어렵다는 것을 보여주는 일이다.

숨 쉬지 않고 산다는 것은 불가능하므로 평소에도 숨 쉴 때 신주 단지 모시듯 대하며 순서에 입각해서 숨을 쉬어야 한다. 하단전에서부터 척추를 통과하며 상단전으로 끌어올려 연소시킨 것을 날숨으로 내보내야 한다. 그리고 다시 상단전에서부터 들숨으로써 신선한 생명 에너지를 받아들여 가슴 쪽인 임맥을 통해 육신의 곳곳으로 기를 보내야 한다. 한 싸이클에 넷을 셀 정도가 가장 편하며, 그것이 태어나기 이전부터 존재하던 마음에 대한 최소한의 예의일 것이다.

혜명경을 저술한 화양선사께서 호흡에 관해 말씀한 부분을 살피면 다음과 같다. 부처나 조사가 되는 것은 본 성품의 영묘한 빛에 의한 것이어늘 혜명의 누진을 얻지 못하면 결코 깨달아 여래의 마음 없는 경지에 들어갈 수가 없느니라. 혜명이 누진되는 것은 바람과 불의 수련법이 아니면 몸과 마음의 근본을 한 덩어리로 뭉쳐 큰 도를 성취하지 못하리라.

적무선사 말하기를, 정신을 뭉쳐 이 구멍 속에 거둬들이면 기운은 정신을 따라 저절로 이 곳에 돌아가는 것이다. 또 말하기를 공부를 쉬지 말고 하되, 숨 쉴 적마다 속으로 되돌아가면 혹 한 달이나 두 달이면 갑작스레 더운 기운이 단전 속에서 돌며 움직이는 것을 스스로가 느끼게 될 것이다.

그 기미가 이미 일어났다면 정신을 뭉쳐 단전 속에 집어넣되 마땅히 강력한 불을 사용하여 거두어 몰아 잡고 근본자리로 돌아가서 기를 삶고 찔 것이요, 기미가 일어나지 않았을 때는 마음으로만 단전을 비춰 보되, 마땅히 약한 불을 사용하여 떠나지 말고 지킴으로써 기를 삶고 쪄야 하는 바, 이 같이 깨달아 들어가면 비로소 참된 씨앗이 발생함을 얻게 될 것이다.

내(화양선사)가 말하되, 앞의 구절은 혜명경의 미묘한 방법으로 정신과 원기를 화합해서 참된 씨앗의 종자를 만드는 천기로서 모두 여기에 감춰져 있으며, 그 바람과 불의 공부도 이것을 넘는 바 없다. 공부의 시작은 정신을 뭉쳐서 용궁(단전)을 돌이켜 보되 마음을 하나로 통일하여 움직임 없이 고요히 하므로, 나와 상대를 잊은 채 기운의 움직임을 기다리는 바 집중된 의식과 단전 속의 기운을 함께 사용하여 정신인 불로써 진정을 달구어야 한다.

숨기운인 바람으로서 불어 대며 강력한 의식으로서 달구

고 부드러운 의식으로 지키며, 오래오래 삶고 쪄 한시도 틈이 없이 생각과 기운을 서로 떨어지지 않게 하면 화합하여 엉켜 모으는 참된 법을 얻게 되는 것이다.

도를 통한 옛 선사의 말을 듣지 못하였는가, 육조대사 말하기를, 북쪽에 가서 맞아 제도하라 했고 적무선사 말하기를 잡아 캐서 올리고 내리되, 독맥을 따라 올라가고 임맥을 따라 내려가라 하였으며, 역경에 말하기를, 문 닫는 것을 곤이라고 하고 문 여는 것을 건이라 하며 한 번 닫고 한 번 여는 것을 변한다 하고, 왔다갔다 하여 쉬지 않는 것을 통한다고 하였다.

또 말하되 건의 효는 아홉수를 사용하고 곤의 효는 여섯 수를 사용한다 하였고, 화엄경에 말하기를 모든 부처님의 정은 때를 맞춰 미묘한 법륜을 굴린다고 했다. 이러한 글은 모두 법륜을 굴려 사리를 이루게 되는 공부법이며, 혜명의 도가 모두 이 속에 들어 있는 것이다.

세존과 가섭의 말을 못 들었는가, 바른 법이 눈에 숨어 있다는 것을, 또 아난에게 말씀하시되 마음의 눈이 있는 곳을 모르면 번뇌에 의한 모든 고통을 굴복시킬 수가 없다 하였다.

적무선사가 말하되 도태가 원만히 자란 시기에 이르면 흰 눈이 날릴 것이다. 그때 생각을 움직이되 나를 듯이 이마 쪽으로 흰 눈이 날릴 것이다. 그때 생각을 움직이되 나를 듯이 이마 쪽으로 올리는 바 잘못 알고서 여래는 부질없이 고요한 데만 몰두한다고 하지 말라. 법신은 고요함을 떠났다가 다시 되돌아오는 것이다. 능엄경에 말하기를 형체가 이뤄져 태속을 나가면 친히 부처님의 아들이 된다고 하였다.

잡념 없이 고요한 상태로 태평스럽게 항상 무리하지 않고 부드럽고 온화하게 스스로가 길러 나가되, 보배 구슬을 단단히 보호하여 가질 것이다. 법륜을 굴릴 때는 부드럽고 강력한 두 종류의 의식과 호흡법을 아울러 사용하나니, 그 가운데 정교하고 미묘한 내용의 오묘한 것은 스승의 전수에 있으니 스스로 깨닫게 된다.

그때를 당하여 밝은 구슬이 나타날 적에 온갖 괴상스러운 것들이 사라지는 것이다. 도태가 성립되면 온갖 무궁한 지혜가 샘솟듯 나타나서 진실로 여래의 혜와 정을 증명할 것이다. 밝은 지혜가 생겼으나 사용치 말고 부지런히 선나(내려놓음)만을 닦을 것이다.

영묘한 지혜의 빛에 더욱 박차를 가하여 고요하게 비춤으로서 스스로 깨닫게 되며, 늘 혼침한 상태의 잘못된 빈 경지를 따르지 말라. 정에 들어 의연한 마음의 힘을 지키는 곳은 빈 성품의 한 생각 정성에 달려 있는 것이다.

법성이 정에 들었을 때 흰 눈이 어지럽게 날린다. 이를 가리켜 출정한다고 하는 것이다. 대도를 닦아 고요함이 극에 이르면 그 가운데에 또한 움직이는 기틀이 있게 되니, 도를 깨쳐 얻은 참된 물건도 다시금 고요함이 다 한 경지에서 움직이는 것이다. 이른바 미묘한 도를 거듭 만들고 다시금 계, 정, 혜를 세우는 것이다. 이를 보림이라고 한다.

공부가 성숙할 무렵에 이르면 물건이 없는 가운데 물체가 생기는 것인 바 이때에 그것을 따라 나가지 말고 거슬러 올리며, 달마대사는 캐서 잡는다고 하였다. 물체가 이미 그 근원에 돌아갔다면 곧 법륜이란 묘한 운행이 있게 된다. 열고 닫는 소식을 일으키고 위와 아래로 돌아다니되 하늘의 중간에 천심을 세워 놓고, 임맥과 독맥에 의지하여 근원으로 돌아가 생명을 회복하는 것이다.

이것을 일컬어 네 번 변하는 시기니 여섯 번 변하는 시기니 하는 것이니, 오래도록 충분히 돌리면 물체가 신령스러워지므로 캐서 붙잡아 등 뒤 관문을 통과하는 비결이 또 있게 된다. 무릇 화로 밖으로 나가는 소식이 있어 또한 의식으로 고요하게 바라보는 힘에 의해 물체가 생기는 것이다. 여래는 이를 가리켜 화로 속의 불이 발생한다 하였다.

골짜기의 구름과 같이 부슬부슬 내리는 봄비처럼 온 몸에 말할 수 없는 상쾌함이 있게 되니, 마음의 눈을 중궁에다 둥글게 돌려서 거둬 모으나니 이를 가리켜 도태를 형성한다고 하는 것이니라. 그러면 마음이 편안하고 태평스런 선정에 들어가는 것이다. 이후로는 숨기운에 집착하지 말고, 도태를 방심치 말며 길러 나가는 것이다.

마음은 혼돈치 말고 도태에 대한 강렬한 집착을 버리는 것이 도태의 성장을 돕는 것이며, 고요한 가운데에 갑작스레 한 개의 달 같은 물체가 허공에 걸려 있듯 떠 있을 것이니, 물체를 머물게 한 후 한 개의 태양 같은 물체가 달 같은 물체 속으로 올라오면 거둬들여 감출 것이다. 이후에는 조용한 정에 들어 적멸을 익히는 것이다. 있고 없는 곳에서 모두 하나로 돌아가게 할 것이며, 이것이 아무 것도 하지 않는 상태이며 곧 하염없다고 말한 것이다.

또한 대도는 막힘이 없으므로 고요함이 극에 이르면 한 물체가 움직여서 위로 도태와 합쳐지느니라. 그리고 법륜을 통해서 거듭 돌리면서 마음을 고요하게 하며, 일체의 생각을 비우고 또 비우면 도태가 원만히 자라 기운이 가득 차게 되어 하늘의 꽃이 어지럽게 떨어지느니라.

또한 정에서 나가는 시초엔 외부에 있는 마군의 침입과 유혹을 막아야 하며, 한 개의 수레바퀴만 한 금빛 광채가 나는 물건이 허공에 떠 있을 것이니, 이것이 본래 내가 가지고 있는 신령스러운 물건이다. 그것을 가지고 돌아와 육신을 변화시키는 묘한 약으로 삼을 것이다.

사람들이 혜명이 움직이는 지극한 보배를 알지 못할 것이니, 우두커니 멍하게 앉아 있으므로 성품과 혜명을 합치는 참된 기틀을 어리석게 외면해 버리고, 고목나무처럼 조용한 데만 빠져 있다면 장차 무엇을 가지고 참된 씨앗을 만든단 말인가.

법륜의 으뜸가는 기틀을 운전하며 신령스런 보물인 진종을 마땅히 뿌리로 되돌려 깊숙이 감추는 바, 옛사람은 근본에 돌아가서 생명을 회복한다고 하였다. 억지로 애쓰듯이 힘을 가하는 방법을 쓰지 말고 애쓰지 않는 방법을 사용하며, 고요하고 잠잠한 상태로 말없이 비춰 보니 또한 선이라고 말하는 것이며 이를 마음의 눈이 있는 곳이라고 부르느니라.

또한 모니란 구슬이 이뤄지면 형상은 진주와 같고 그 빛은 흰 눈처럼 하얗다. 몸이 후끈 더운 것은 끓는 물과 같이 덥고 입속은 꿀처럼 달다. 놀래지도 말고 의심하지도 말며 기다리다 움직이면 잡는다. 진정 미묘한 방법으로 요령껏 잘

붙잡는 방도라 할 것이다. 재빨리 이 움직이는 기미에 천천히 아홉 개의 쇠문 같은 곳을 뚫고 지나가면 이를 가리켜 범부를 뛰어넘어 성인 자리에 들어간다고 함이라.

고요히 도태를 비추되 부드러운 마음가짐으로 잠잠히 지켜 나가니 또한 선이라고 한 것이며, 고요하게 비추며 부드럽고 잠잠한 가운데 두 개의 물체가 용천(발바닥)으로부터 나오니 또한 기틀이라고 하였고 잡아 놓고서 고요한 정에 있게 되니 또한 선이라고 한 것이다. 이런 것을 적멸이라고 부른다.

또한 적멸에 들은 마음의 흔들림 없는 상태가 오래되면, 어지러울 만큼 새하얀 흰 눈이 허공에 가득히 날리게 되므로 또한 기틀이라고 말한 것이며, 이런 때가 육신에서 이탈해 나가는 다시없는 기회라는 것을 잘 알아서 몸 밖으로 나가기를 주저하지 말 것이다.

만약 도태에만 얽매이게 되면 신통스런 변화가 줄어드는 것이 되니 곧 바로 나가야 하는 것이다. 이를 가리켜 삼계를 뛰쳐나간다고 하는 것이니, 그리고는 태평한 마음으로 기다릴 것이다. 또한 금빛 나는 물체가 와서 허공에 달려 있을 것이니 그것을 선, 혹은 기틀이라고 한다.

법신을 거두어 몸 안으로 들어 온 후에 정에 들으니 또한 선이라 하고, 오래 오래 긴긴 날을 정에 들어 있으면 형상과 마음이 하나 같이 모두 신묘스럽게 변화되니 선기에 관한 이야기는 이로써 끝을 맺는다.

제 10장 본성의 빛과 의식의 빛

性光識光第十

呂祖曰。回光法。原通行住坐臥。只要自得機竅。吾前開示云。虛室生白光非白耶。但有一說。初未見光時。此為效驗。若見為光而有意著之。即落意識。非性光也。子不管他有光無光。只要無念生念。何謂無念。千休千處得。何謂生念。一念一生。持此念乃正念。與平日念不同。今心為念。念者現在心也。此心即光即藥。凡人視物。任眼一照去。不及分別。此為性光。如鏡之無心而照也。如水之無心而鑑也。少頃即為識光。以其分別也。鏡有影已無鏡矣。水有象已非水矣。光有識尚何光哉。子輩初則性光。轉念則識。識起而光杳不可覓。非無光也。光已為識矣。黃帝曰。聲動不生聲而生響。即此義也。楞嚴推勘入門曰。不在塵。不在識。惟選根。此則何意。塵是外務。所謂器界也。與吾了不相涉。逐之則認物為己。物必有還。通還戶牖。明還日月。借他為自。終非吾有。至於不汝還者。非汝而誰。明還日月。見日月之明無還也。天有無日月之時。人無有無見日月之性。若然則分別日月者。還可與為吾有耶。不知因明暗而分別者。當明暗兩忘之時。分別何在。故亦有還。此為內塵也。惟見性無還。見見之時。見非是見。則見性亦還矣。還者還其識。流轉之見性。即阿難使汝流轉。心目為咎也。初八還辨見時。上七者。皆明其一一有還。姑留見性。以為阿難柱杖。究竟見性即帶八識。非真不還也。最後并此一破。則方為真見性。真不還矣。子輩回光。正回其最初不還之光。故一毫識念用不著。使汝流轉者。惟此六根。使汝成菩提者。亦惟此六根。而塵與識皆不用。非用根也。用其根中之性耳。今不墮識回光。則用根中之元性。落識而回光。則用根中之識性。毫釐之辨在此也。用心即為識光。放下乃為性光。毫釐千里。不可不辨。識不斷。則神不生。心不空。則丹不結。心淨則丹。心空即藥。不著一物。是名心淨。不留一物。是名心空。空見為空。空猶未空。空忘其空。斯名真空。

呂祖께서는 다음과 같이 말씀하였다.

빛을 돌리는 법(回光之法)은 원래 사람의 모든 행동, 곧 가거나(行) 멈추거나(坐) 눕거나(臥) 모두에 통하는 것인데, 중요한 문제는 스스로 그 통하는 기틀의 구멍(機竅)을 찾아 가지는 것일 뿐이다. 내가 앞에서 '텅 빈 방에 흰 것이 생긴 다(虛室生白)'고 설명하여 보인 적이 있었는데 빛(光)이 곧 흰 것(白)이 아니겠는가, 다만 처음에 아직 빛이 나타나지 아니할 때에 이러한 효험이 일어난다고 생각하고서 만약 빛이 나타났다고 여기며 그것에 뜻을 붙여 놓게 되면 그 자체로써 의식意識에 떨어지게 되니, 본성의 빛(性光)이 아니라는 말도 있다.

그대들은 그와 같이 빛이 있느니 없느니 하는 문제에 얽매이지 말고, 오직 생각 없이(無念) 생각을 살려야(生念) 할 뿐이다. 어떻게 하는 것을 생각을 살린다(生念)고 하는가, 한 평생 지킬 수 있는 하나의 생각(一念)은 빗나감이 없는 바른 생각(正念)이니, 보통 생활 속에서 일어나는 생각과 같지 않다.

알고 보면 마음이 생각으로 되는 것이니 생각이라는 것은 나타나 있는 마음이다. 이 마음은 그 자체가 빛(光)이요 황금 꽃 가운데의 암꽃술(蕊)인 것이다. 보통 사람이 물건을 볼 때에는 우선 눈(眼)으로 비추어 보게 되는데 처음에는 분별할 수 있는 정도에 이르지 못한다. 이러한 상태가 본성의 빛(性光)이다.

마치 거울이 아무런 마음 없이 비추는 것과 같고 물(水)이 아무런 마음 없이 비추는 것과 같다. 그러다가 조금 지나면 의식의 빛(識光)이 생긴다. 거울에 그림이 비쳐서 나타나니 이미 거울은 없어진 것이고, 물(水)에 모습이 비치어 나타나니 이미 물(水)이 아닌 것이다. 빛에 의식意識이 생기고 나면 이제는 빛이라 할 수 없는 것이 아니겠는가,

그대들의 경우 처음에는 본성의 빛(性光)이었지만 그것이 생각으로 바뀌게 되면 의식意識이 되는데, 의식이 일어나게 되면 빛(光)은 어두워져서 찾아볼 수 없게 되는 것이다. 빛이 없어진 것이 아니라 빛이 이미 의식으로 되어 버린 것이다. 황제내경에서 '소리가 움직이면 소리를 생기게 하지 않고 울림을 생기게 한다.'라고 말한 것이 이러한 의미이다.

☞

여조께서 말씀하시길, 빛을 돌리는 법은 원래 사람의 모든 행동, 곧 가거나 멈추거나 눕거나 모두에 통하는 것인데, 중요한 문제는 스스로 그 통하는 기틀의 구멍(機竅)을 찾아 가지는 것일 뿐이라고 하였다.

빛을 돌리는 법이란 독맥과 임맥을 따라 호흡하면서 기를 회전시키는 의미일 듯하며, 그것은 반드시 앉아서만 하는 것이 아니라 행주좌와 모든 곳에서도 가능하다. 인도의 불교와 중국의 도교가 만나 획기적인 발전을 이룬 것이 호흡에 관한 수련법일 것이다. 혜명경의 저자인 화양선사 말에 의하면 호흡에 관한 비결이 능엄경에 그림과 글로써 들어 있었는데 중국의 승려들에 의해 그것을 삭제시키고 전했다고 한다.

이유는 분명치 않으나 천기를 누설한다는 의미에선지 아니면 다른 이유가 있는지는 모르겠으나, 중국의 도교에서는 독맥과 임맥을 통한 호흡으로 기를 회전시키는 법은 이미 오래 전부터 알려져 왔다. 단순히 호흡을 지켜보는 위빠사나만으로는 호흡을 놓치기 쉽다.

그러나 들숨을 하단전에서부터 등 쪽인 독맥으로 끌어올리고, 상단전에서 날숨을 가슴 쪽의 임맥을 통해 내려 보내면 기가 회전하므로 정수리 쪽이 후끈 달아오름을 느낄 수 있다. 이렇게 호흡을 오래 돌리다 보면 상단전 정수리가 누르면 통증을 느낄 정도로 감각이 예민해 진다.

여조사 이어 말하기를, 그대들은 그와 같이 빛이 있느니 없느니 하는 문제에 얽매이지 말고, 오직 생각 없이(無念) 생각을 살려야(生念) 할뿐이다. 어떻게 하는 것을 생각을 살린다(生念)고 하는가, 한 평생 지킬 수 있는 하나의 생각(一念)은 빗나감이 없는 바른 생각(正念)이니, 보통 생활 속에서 일어나는 생각과는 같지 않다고 하였다.

한 평생 지킬 수 있는 하나의 빛이란 늘 변함없이 그대로 거기에 있는 빛이다. 그리고 마음이란 생각으로 되는 것이니 생각이란 나타나 있는 마음이며 이 마음은 그 자체가 빛이며 황금 꽃 가운데 암꽃술이라 하였다. 가령 보통 사람이 물건을 볼 때는 눈으로 비쳐 보는데 본성의 빛을 내뿜는 것이라 한다.

인체 중에서 가장 빛을 많이 내뿜는 곳이 눈일 것이다. 그림을 그려도 눈동자가 없으면 어딘지 모르게 어색하지만 눈동자를 찍어 놓으면 그림도 살아있는 듯한 생동감을 느끼게된다. 그리고 인체 중에서 가장 노쇠가 빠른 부분도 눈일 것이다. 아마도 오관 중에서 가장 많이 사용하기 때문이며, 사물을 집중해서 오래 보면 눈이 피곤함을 느끼는 것은 눈을 통해 기가 빠져나가기 때문일 것이다.

여조사는 눈으로 비추어 보는 것이 본성의 빛(性光)이라 하였다. 처음 사물이 눈에 비추일 때는 거울에서 투영되는 것과 같다가 조금 지나면 의식의 빛(識光)이 생긴다. 거울에 그림이 비쳐서 나타나니 이미 거울은 없어졌으며, 빛에 의식이 생기고 나면 이제는 빛이라 할 수 없다는 것이다.

처음 눈으로 볼 때는 본성의 빛(性光)이었지만 그것이 생각으로 바뀌게 되면 의식이 되는데, 의식이 일어나면 빛(光)은 찾아볼 수 없다는 것이다. 즉 사물을 보면서 여러 가지 생각이 일어나는데 그로 인해서 본성의 빛이 의식으로 변화된 것이라고 하였다. 마음을 통해 좋고 나쁨을 가늠하다 보면 욕망과 분노가 일어나고 집착이 달라붙으면서 애착과 원망의 불길이 솟구친다.

그렇기 때문에 평등한 본성의 빛을 놓치고 나와 내 것을 위하려는 마음으로만 위주로 살게 되면 고통의 늪에서 허덕이게 된다. 그러나 본성의 빛이 어디로 사라진 것이 아니라 마음으로 변화된 것이라 하였다. 만일 강력한 소리가 일어나면 굉장한 진동을 느끼는데, 소리가 사라진 것이 아니라 울림으로 나타난 것이다.

실제로 본성의 빛은 사라질 수가 없다. 일체의 모든 것이 본성일 뿐인데 어디로 없어지고 어디에서 생겨날 수 있겠는가, 다만 얼굴에 가면을 뒤집어쓰면 본 얼굴은 드러나지 못하듯 의식의 가면을 뒤집어 쓴 탓으로, 평생을 그것과 함께 뒹굴어도 보려는 그것 때문에 볼 수가 없고, 한 번도 떨어진 것 없어도 알려는 그것 때문에 알 수가 없을 뿐이다.

☙ ☙

능엄경의 어떤 해설서의 앞부분에서 '티끌에도 있지 않고 (不在塵), 의식에도 있지 않고(不在識), 오직 뿌리를 가려잡을 뿐이다(惟選根)'라고 말하고 있는데 이것은 무슨 뜻인가, 티끌(塵)이란 바깥 세계의 물질이니 이른바 일체 중생이 모여서 사는 세계(器界)라는 것이다.

본질에 있어서 나 자체와는 서로 관계를 맺고 있는 바가 없는 것이다. 이 티끌을 쫓아가게 되면 바깥 세계의 물질을 나(己)라고 여기게 된다. 물질은 반드시 어디론가 돌아가는 곳이 있으니(有還), 통함(通)은 문과 창(戶)으로 돌아가고, 온전한 밝음인 해와 달의 합쳐짐(明)은 해와 달로 각각 돌아가게 된다. 남(他)을 빌어서 나(自)라고 하니, 끝내 나(吾) 아닌 것만 있게 되지만, 능엄경에서처럼 이치를 파고들어서 마침내 너(汝)가 돌려보내지 못하게 됨에 이르게 된 것(不汝還者)에 이르면 너(汝) 아니고 무엇이겠는가,

해와 달이 합쳐진 밝음(明)은 해와 달로 돌아가지만 해나 달의 밝음(明)을 보는 자체(見)는 돌아가지 않는 것이다. 하늘에는 해나 달이 없는 때도 있지만 사람에게는 해나 달을 보는 본성이 없을 때가 없다. 그와 같다면 해와 달을 분별(分別)을 일으킨다고 하는 이치를 알지 못하는 사람이 본성의 세계, 곧 내가 있다는 이치(吾有)에로 돌아갈 수 있지 아

니 하겠는가,

밝음과 어둠을 원인으로 하여서 본성이 가늠(分別)을 일으
킨다고 하는 이치를 알지 못하는 사람이 본성의 세계 곧 내
가 있다는 이치(吾有)에로 돌아가서 밝음과 어둠이 둘 다 없
어질 경우에 이르면, 가름(分別)이라는 것이 어디에 있게 될
까, 그러므로 가늠이라는 것(分別) 즉 의식도 돌아갈 곳이
있는 것이다. 이러한 것들이 내면의 세계에 있는 티끌(內塵)
이 된다.

오직 본성을 봄(見性)만이 돌아감이 없다고 하는데, 본성
을 볼 때에의 그 본다는 것(見)은 봄(見) 자체가 아니니, 본
성을 본다는 것(見性)도 돌아갈 곳이 있는 것이다. 돌아가는
것(還者)은 그 의식이 온갖 세계를 돌고 돌면서 변하는 가운
데에서 본성을 보게 되더라도 그와 같이 본성을 봄(見性)은
돌아갈 곳이 있어서 돌아간다는 것이다.

다시 말하면 능엄경에서 "아난아 너로 하여금 온갖 세계
를 돌고 돌아서 변하게 하는 것은 마음과 눈 탓이다(使汝流
轉, 心目爲咎)"라고 말한 것과 같은 것이다. 능엄경에서 처
음에 밝음(明), 어둠(暗), 통함(通), 막힘(壅), 연분(緣), 어리
석은 텅 빔(頑虛), 힘차게 가득 참(鬱勃), 맑고 밝음(淸明)이
라는 여덟 가지 돌아갈 곳이 있는 모습들(八還)과 본다는 관

넘(見)을 가려 밝히는 때에 위의 일곱 가지는 모두 그 하나 하나가 돌아갈 곳이 있음을 밝혔다.

그러므로 마지막으로 본성을 본다는 것(見性)만이 남아서 아난으로 하여금 마치 길을 가는 선승들이 주장자라는 지팡이를 잠시도 손에서 떼어놓지 않듯이. 그것을 잠시도 떼어 놓을 수 없도록 만들었다.

깊이 파고들어 가면 결국 본성을 본다는 것(見性)에는 이미 여덟 가지 의식(八還)이 함께하고 있기 때문에 그것은 이미 참으로 돌아갈 곳이 없는 궁극적인 것이 아니다. 가장 마지막에 가서 이러한 상태조차도 한 번에 깨뜨려야 참다운 의미에서 본성을 깨달음(眞見性)이 될 것이고, 참다운 의미에서 돌아갈 곳이 없는(眞不還) 나 자신의 주인이 될 것이다.

그대들이 빛을 돌린다(回光)고 할 경우에는 바로 그 가장 처음의 더 이상 돌아갈 곳 없는 빛을 돌리는 것이다. 그러므로 털 한 오라기만 한 의식과 생각(念)도 이용되지 않고 있는 것이다. 너(汝)로 하여금 온갖 세계를 돌고 돌면서 변하게 하는 것은 이 여섯 가지 감각 기관(六根)에 지나지 않건만 너(汝)로 하여금 깨달음(菩提)을 이루게 하는 것도 역시 이 여섯 가지 감각 기관일 뿐이다.

티끌(塵)과 의식은 어느 것이나 쓰이지 않는다. 감각 기관(根)을 쓰는 것이 아니고 그 감각 기관의 가운데에 있는 본성(根中之性)을 쓰는 것이다. 이제 의식에 의하여 빛을 돌리는 잘못(識回光)에 떨어지지 않으면 감각 기관(根) 가운데에 있고 의식으로 변한 성(議性)을 쓰는 것이다.

털끝만한 차이라고는 하지만 그를 가려내는 기준이 또한 여기에 있다. 마음을 쓰면(用心) 그 자체로서 의식에 떨어진 빛(議光)이 되고, 모든 것을 내려놓으면 그대로 본성의 빛(性光)이 된다. 털끝만 한 차이가 천리의 차이를 가져오는 것이니, 가려내지 않으면 안 된다. 의식을 끊어 버리지 못하면 신(神)이 살아나지 못하고, 마음이 그에 아무것도 빌붙을 수 없도록 비어 있지(空) 못하면 단(丹)이 맺히지 않는다.

마음이 움직임과 변화를 여의고 조용하면(靜) 곧 단(丹)이 이루어지고, 마음이 그에 아무것도 빌붙을 수 없도록 비어 있으면(心空) 그 자체로서 단(丹)을 이루는 원료라고 할 수 있는 이른바 황금 꽃의 암꽃술(藥)이 된다.

하나의 사물도 붙여 두지 않는 것(不着一物)을 마음이 움직임과 변화를 여의고 조용하다(心靜)고 부르고, 하나의 사물도 남아 있지 않게 하는 것(不留一物)을 마음이 그에 아무것도 빌붙을 수 없도록 비어 있다(心空)고 부른다. 그에 아무것도 빌붙을 수 없이 비어 있음(空)으로 보게 되면, 그 빌붙을 수 없이 비어 있음(空)은 아직 참으로 비어 있음이 되지 못한다.(未空)

그에 아무것도 빌붙을 수 없이 비어 있되(空), 그 아무 것도 빌붙을 수 없이 비어 있음(空)조차도 잊어버려야 참으로 아무 것도 그에 빌붙을 수 없는 비어 있음(眞空)이 된다.

☞

여조사 이어서 말씀하시길, 참나의 본성이란 '티끌에도 있지 않고(不在塵), 의식에도 있지 않고(不在識), 오직 뿌리를 가려잡을 뿐이다(惟選根)'라고 말하고 있는데 그것은 온갖 것의 뿌리이며 바탕이라는 의미일 것이다.

그러므로 본질에 있어서 나 자체와는 서로 관계를 맺고 있는 바가 없는 것이다. 이 티끌을 쫓아가게 되면 바깥 세계의 물질을 나(己)라고 여기게 된다는 것이다. 가령 하늘에서 비 오고 눈 내리고 천둥 번개가 치지만 하늘은 한 번도 눈비에 젖은 적 없고 천둥 번개에 물든 적이 없다.

허공은 텅 빈 스크린처럼 늘 한결같으므로 여러 가지 현상이 나타날 수 있는 것처럼 우리들 본성도 그와 같다. 한 얼굴로 기쁨과 슬픔을 모두 표현한다는 것은 어딘가에 물드는 바가 없기 때문이다. 도저히 견딜 수 없는 슬픔도 시간이 지나면서 치유가 되기 마련이다. 그것은 우리들 본성이 텅 빈 스크린처럼 생멸 변화를 일으키지 않는 까닭이다.

능엄경에서는 본성을 알지 못하므로 본성을 찾고자 하는 아난존자에게 여래는 세상에서 변화하여 일어나는 온갖 현상을 원인되는 곳으로 돌려보내고 있다.

"아난아, 세간의 변화에서 밝은 것은 해에 돌려보낸다. 왜 나하면 해가 없으면 밝지 못하니 밝은 인은 해에 있다. 그러므로 해에 돌려보내고, 어두움은 달 없는 흑월의 그믐밤으로 돌려보내고, 통함은 창문에 돌려보내고 막힘은 담장으로 돌려보내고 반연할 물건은 분별에 돌려보내고, 빈 것은 허공에 돌려보내고, 흙비는 티끌로 돌려보내고 청명은 개인데 돌려보낸다.

모든 세간의 일체의 것이 이런 종류에서 벗어나지 못하느니라. 그러나 네가 이러한 세간의 여덟 가지 현상을 보는 見의 성품은 어디로 돌려보낼 수 있겠느냐, 무슨 까닭이냐, 만일 밝은 데로 돌려보내면 밝지 아니할 적에는 어두움을 보지 못해야 하리라. 또한 허공을 보는 통함을 허공으로 돌려보내면 막힘은 볼 수 없어야 하리라.

이와 같이 세상의 모든 변화는 비록 밝은 것 어두운 것이 여러 가지로 차별하나 견은 차별이 없느니라. 여러 가지로 돌려보낼 수 있는 것은 저절로 네가 아니려니와 네가 돌려보내지 못할 것은 네가 아니고 누구이겠느냐,

그러므로 알아라, 네 마음이 본래 묘하고 밝고 깨끗하건만 네가 스스로 혼미하고 답답하여 본래 묘한 것을 잃어버리고 윤회하면서 생사 속에서 항상 표류하고 탐닉하나니 그러므로 여래가 너를 가련하다고 하느니라."

능엄경에서 아난존자가 여기저기를 둘러보며 자신의 성품을 찾으려고 하니까, 여래는 세상의 변화되는 모든 것을 원인되는 곳으로 돌려보내고 있다. 변화되는 모든 것을 돌려보내면 변화하는 상이 없어질 것이며 가령 밝음을 돌려보내면 어둠이 남을 것이다. 만일 성품이 밝음으로 이루어졌다면 어둠은 볼 수 없을 것이다.

또한 성품이 통함으로 이루어졌다면 막힘을 볼 수 없다. 그러나 통하고 막힘을 전부 볼 수 있다면 성품은 그것으로 이루어진 것이 아닌 것이다. 이와 같이 세상의 모든 변화하는 상에서 성품이 이루어진 것은 아니다. 그러므로 세상의 모든 변화하는 상이란 돌려보낼 원인이 있지만 너의 견하는 성품은 밝음도 보고 어둠도 보며, 막힘도 보고 통함도 보니,

어디로 돌려보낼 수 있느냐는 것이다.

세상의 온갖 것을 견하는 성품은 돌려보낼 원인이 없으니 네가 돌려보내지 못한다면 그것이 네가 아니고 누구이겠냐는 것이다. 여조사는 이르길, 가령 밝음과 어둠이 둘 다 없어질 경우에, 밝음과 어둠을 분별하는 것은 사라질 것이다. 사라진다는 것은 돌아갈 곳이 있다는 것이니 분별하는 의식도 돌아갈 곳이 있는 것이라 하였다.

이러한 분별 의식들은 돌아갈 속이 있으므로 내면의 세계에 있는 티끌(內塵)이라는 것이다. 그러나 오직 견하는 성품만은 돌아감이 없다고 하였다. 돌아갈 곳이 없으므로 밝음과 어둠, 소리와 침묵, 막힘과 통함, 청명함과 비 옴 등의 여러 가지 세간의 일체 상을 전부 견할 수 있는 것이다.

그러나 본성을 본다고 하는 그것은 견(見)하는 자체가 아니니, 본성을 본다는 것(見性)도 돌아갈 곳이 있다는 것이다. 즉 본다고 하는 생각의 모양을 짓는 그 의식은 돌아갈 곳이 있다는 것이다. 왜냐하면 본성을 보지 못할 때에는 나타나지 않을 것이기 때문이다.

그러므로 본성을 찾고자 하는 아난존자의 분별하는 의식은 돌려보낼 곳이 있으므로 그것까지 돌려보낼 수 있다. 이처럼 모든 의식을 돌려보내고 생각까지 내면에서 사라지고 나면 고요한 적멸감을 느낄 수 있다. 그러한 적멸감을 아는 것은 모든 의식과 생각이 멸하였으므로 마음이나 생각으로 아는 바는 아닐 것이다. 또한 잠이 들어 깨고 난 후에 깊은 잠에 들었는지 선잠을 잤는지 아는 것은 의식이 잠들었으므로 그러한 상태를 알아차리진 못할 것이다.

마음과 의식은 보고 듣는 눈귀처럼 육근의 일부일 뿐이다. 그러므로 돌려보낼 곳이 있다. 돌려보낼 수 있다는 것은 생멸 변화가 일어난다는 것이며 보는 것은 카메라로 만들 수 있고 듣는 것은 녹음기로 만들 수 있다. 또한 마음도 만들어낼 수가 있으므로 인간을 넘어선 인공 지공도 만들어지고 있다.

그 말은 곧 마음이란 생겨날 수 있고 생겨난 것은 소멸된다는 의미를 지녔기에 육신의 소멸을 따라 마음도 소멸하게 된다. 그러한 생멸의 속성을 지닌 것은 참된 내 마음이라고 할 수 없다. 만일 우리들에게 참된 마음이 존재한다면 그것은 육신이 생겨나서 만들어진 것이 아니며 무언가에 의해 만들 수 있는 것도 아니어야 한다.

견하는 성품이 늘 깨어 있으므로 밝음도 보고 어둠도 보는 눈의 작용이 일어난다. 장님도 견하는 성품은 훼손될 수가 없다. 비록 안근이 망가져 사물을 분간하지 못할 뿐이지 어둡다는 것을 보고 있기 때문이다. 우리도 눈을 감으면 어둠을 보는 것이지 못 보는 것이 아니다. 그렇기에 장님도 안근을 수술하여 회복하면 볼 수 있다. 보는 성품은 여전히 존재하기 때문이다.

그처럼 늘 깨어 있는 성품은 아무리 과학이 발달한 들 만들어 낼 수가 없다. 성품은 만들어진 것이 아니므로 육신이 사라져도 소멸되지도 않는다. 육신도 극단적인 선택을 통해 내가 돌려보낼 수 있다. 육신을 돌려보내면 마음까지 소멸될 것이니 마음도 돌려보낼 수 있다. 그러나 견하는 성품은 내가 돌려보낼 방법이 없다.

눈을 뜨면 사물이 비치고 감아도 눈꺼풀 뒷면을 바라보고 있으며, 귀에 소리가 들려오고 소리 없음도 듣고 있는 그것을 무슨 재주로 돌려보낼 수 있겠는가, 만일 돌려보낼 데가 있다면 눈을 떠도 사물이 비치지 않고 소리가 들려와도 들을 수 없다면 인간은 보다 행복할 수 있다. 왜냐하면 보기 싫은 사람의 얼굴은 애당초 보이지 않도록 하고, 듣기 싫은 소리는 아예 차단시켜 버리면 고통 받을 일이 무엇 있겠는가. 그러나 그것은 불가능하다. 그것이 바로 나이기 때문이다. 내가 나를 어찌 없앨 수 있으랴,

여조사는 말씀하길, 그대들이 빛을 돌린다(回光)고 할 경우에는 바로 그 가장 처음의 더 이상 돌아갈 곳 없는 빛을 돌리는 것이다. 그러므로 털 한 오라기만 한 의식과 생각(念)도 이용되지 않고 있는 것이다. 티끌(塵)과 의식은 어느 것이나 쓰이지 않는다. 감각 기관(根)을 쓰는 것이 아니고 그 감각 기관의 가운데에 있는 본성(根中之性)을 쓰는 것이라고 하였다.

감각기관의 본성을 쓴다는 것은 눈에는 보는 성품이 있고 보는 작용이 있다. 보는 작용이란 사물의 형태를 분간하는 것이고 성품이란 장님이 어둠을 보듯이 늘 깨어 있는 것을 의미한다. 그러므로 성품이 있으므로 보는 작용도 나타나는 것이다.

그러므로 회광할 때 인위적인 마음을 쓰면(用心) 그 자체로서 의식에 떨어진 빛(識光)이 되고, 모든 것을 내려놓으면 그대로 본성의 빛(性光)이 된다는 것이다. 털끝만 한 차이가 천리의 차이를 가져오는 것이니, 잘 가려내야 한다고 하였다. 또한 의식을 끊어 버리지 못하면 정신神이 살아나지 못하고, 회광에 아무 것도 빌붙을 수 없도록 마음이 비어 있지(空) 못하면 단丹이 맺히지 않는다는 것이다.

하나의 사물도 붙여 두지 않는 것을 마음이 움직임과 변화를 여의고 조용하다고 부르고, 하나의 사물도 남아 있지 않게 하는 것을 마음이 그에 아무 것도 빌붙을 수 없도록 비어 있다고 부른다. 그에 아무 것도 빌붙을 수 없이 비어 있음(空)으로 보게 되면, 그 빌붙을 수 없이 비어 있음은 아직 참으로 비어 있음이 되지 못한다고 하였다.

즉 다시 말하면 내가 여태껏 아무런 말도 하지 않았다고 말하는 사람이 있다면, 그 사람은 지금 자신이 한 말은 말이 아닌 줄 아는 것이다. 마찬가지로 아무 것도 빌붙을 수 없이 비어 있다고 생각한다면 그러한 생각이 비어있음을 가로막는 것이라는 것이다.

그러므로 그에 아무 것도 빌붙을 수 없이 비어 있되(空), 그 아무 것도 빌붙을 수 없이 비어 있다는 생각조차도 잊어버려야 참으로 아무 것도 그에 빌붙을 수 없는 비어 있음(眞空)이 된다는 것이다.

제 11장 감괘와 이괘가 서로 어우름

坎離交媾第十一

呂祖曰。凡泄漏精神。動而交物者。皆離也。凡收轉神識。靜而中涵者。皆坎也。七竅之外走者為離。七竅之內返者為坎。一陰主於逐色隨聲。一陽主於返聞收見。坎離即陰陽。陰陽即性命。性命即身心。身心即神炁。一自斂息精神。不為境緣流轉。即是真交。而沈默趺坐時又無論矣。

呂祖께서는 다음과 같이 말씀하였다.

무릇 정精과 신神을 새어나가게 하고 변화하고 움직여서 (動) 사물과 엇갈리는 것은 모두가 이괘離卦로서 상징할 수 있다. 무릇 신神과 의식意識을 거두어 들여서 바꾸어 놓고, 변화와 움직임을 여의고 조용하여서(靜) 가운데로 가라앉는 것은 모두가 감괘坎卦로서 상징할 수 있다. 이괘離卦의 가운데에 있는 하나의 음(一陰)은 색色을 쫓거나 소리(聲)를 따르기를 주로 하고, 감괘坎卦와 이괘離卦라는 것은 곧 음陰과 양陽이다.

음陰과 양陽은 그 자체가 성性과 명命이고, 성性과 명命은 그 자체가 마음(心)과 몸(身)이고, 마음(心)과 몸(身)은 그 자체가 신神과 기氣이다. 한 번 스스로 숨(息)을 거두어들이는 것만으로도 정精과 신神이 환경과 여건에 따라서 흘러내려 가면서 변화하는 어리석음을 짓지 않게 되니, 그렇게 하면

곧 음陰과 양陽에 해당하는 두 가지 것들이 참으로 어우르
게 되는 것이다. 하물며 가르침에 맞게 다리를 꼬고 앉아서
변화와 움직임을 여의고 조용하게 깊이 진리의 가르침을 배
우고 익히는 일에 들 경우에 대해서는 더 말할 것이 없다.

제 12장 원을 이루며 궤도를 도는 일

周天第十二

呂祖曰。周天非以氣作主。以心到為妙訣。若畢竟如何周天。是助長也。無心而守。無意而行。仰觀乎天。三百六十五度。刻刻變遷。而斗柄終古不動。吾心亦猶是也。心即璇璣。氣即群星。吾身之氣。四肢百骸。原是貫通。不要十分著力。於此鍛鍊識神。斷除妄見。然後藥生。藥非有形之物。此性光也。而即先天之真炁。然必於大定後方見。並無採法。言採者大謬矣。見之既久。心地光明。自然心空漏盡。解脫塵海。若今日龍虎。明日水火。終成妄想去。吾昔受火龍真人口訣如是。不知丹書所說更何如也。一日有一周天。一刻有一周天。坎離交處便是一周。我之交。即天之迴旋也。未能當下休歇。所以有交之時。即有不交之時。然天之迴旋未嘗少息。果能陰陽交泰。大地陽和。我之中宮正位。萬物一時暢遂。即丹經沐浴法也。非大周天而何。此中火候。實實有大小不同。究竟無大小可別。到得功夫自然。不知坎離為何物。天地為何等。孰為交。孰為一周兩周。何處覓大小之分別耶。總之一身旋運。雖見得極大亦小。若一迴旋。天地萬物。悉與之迴旋。即在方寸處。亦為極大。金丹火候。要歸自然。不自然。天地自還天地。萬物各歸萬物。欲強之使合。終不能合。即如天時亢旱。陰陽不合。乾坤未嘗一日不周。然終見得有多少不自然處。我能轉運陰陽。調適自然。一時雲蒸雨降。草木酣適。山河流暢。縱有乖戾。亦覺頓釋。此極大周天也。子等問活子時。甚妙。然必認定正子時似著相。不著相不指明正子時。何從而識活子時。既識得活子時。確然又有正子時。是一是二。非正非活。總要人看得真。一真則無不正。無不活矣。見得不真。何者為活。何者為正耶。即如活子時。是時時見得的。畢竟到正子時。志氣清明。活子時愈覺發現。人未識得活的明了。只向正的時候驗取。則正者現前。活者無不神妙矣。

呂祖께서는 다음과 같이 말씀하였다.

원圓을 그리는 궤도를 도는 일(周天)은 기氣을 주主로 삼지 않고, 마음으로 그렇게 되는 경우를 훌륭하고 묘한 방법이라고 한다. 만약 끝까지 따져 보아서 어떻게 하면 원圓을 그리는 궤도를 돌 수 있을까 라고 생각하는 낌새가 조금이라도 있으면, 그것은 마치 어린 모(描)를 빨리 자라라고 뽑아 올려놓는 것과 같은 것이다.

마음을 씀이 없이(無心) 지키고 뜻함이 없이(無意) 행하는 것이다. 우러러 하늘을 살펴보면 원圓을 그리며 365도를 도는데 한순간 한순간마다 변하고 자리를 옮겨가고 하지만, 북두칠성의 첫째별(斗樞)을 포함하여 그 자루(斗柄)가 가리키는 북극성은 끝내 옛 자리를 옮기지 않는다. 나의 마음도 역시 이와 같은 것이다.

마음은 곧 북두칠성의 첫째별(斗樞)이고 기氣는 곧 많고 많은 뭇별들이다. 우리 몸의 기氣는 원래 팔 다리와 모든 뼈마디에 통해 있어서 조금도 힘들일 필요가 없는 것이다. 그러므로 이러한 것들을 불러서 의식으로 떨어져 있는 신(識神)을 불리게(鍛鍊) 되면 거짓된 것을 보는 일(妄見)이 끊어져 없어지니, 그렇게 된 뒤에야 꽃에 있어서 암꽃술과 같은 알짜(藥)가 생겨난다.

암꽃술과 같은 알짜(葯)라는 것은 모양 모습이 있는 그 어떤 것이 아니다. 그것은 본성의 빛(性光)이다. 그것이야 말로 사람이 태어나기 이전부터 있었고 참된 기(先天之眞氣)이다. 그러나 반드시 마음과 기氣가 흩어짐 없이 한곳에 크게 머무른(大定) 뒤에야 볼 수 있을 뿐만 아니라 그것을 캐어 내는 방법도 없다. 그것을 캐어내는 방법을 말하는 사람이 있지만 그는 크게 잘못이다.

☞

여조께서 말씀하였다. 원을 그리는 궤도를 도는 일은 기氣을 주主로 삼지 않고, 마음으로 그렇게 되는 경우를 훌륭하고 묘한 방법이라고 한다. 그러나 만일 어떻게 하면 기氣가 원을 그리는 궤도를 돌 수 있을까 라고 생각하는 낌새가 조금이라도 있으면, 그것은 마치 어린 모(描)를 빨리 자라라고 뽑아 올려놓는 것과 같다고 하였다.

그러므로 마음 씀이 없이(無心) 지키고 뜻함이 없이(無意) 행해야 하는 것이다. 밤하늘의 수많은 별 중에서 북두칠성이 가리키는 북극성은 제자리에서 멈추어 있으며 북두칠성은 제자리 회전을 할뿐이다. 옛 선조들은 북두칠성을 통해 길흉화복을 점친 것이다. 따라서 우리들 마음을 비유하면 제자리를 떠나지 않는 북두칠성의 첫 번째 별이고 기는 수많은 뭇 별이라고 하였다.

따라서 우리 몸의 기氣는 인체의 모든 뼈마디에 통해 있어서 조금도 힘들일 필요가 없다는 것이다. 그러므로 이러한 이치를 통해서 의식으로 떨어져 있는 정신(識神)을 단련시키면 거짓된 망념이 끊어져 없어지니, 그렇게 된 뒤에야 황금꽃의 암꽃술과 같은 알짜(藥)가 생겨난다는 것이다.

그리고 암꽃술과 같은 알짜(藥)라는 것은 모양과 모습이 있는 그 어떤 것이 아니라 본성의 빛(性光)이라 한다. 그것이야말로 사람이 태어나기 이전부터 있었고, 참된 기(先天之眞氣)이다. 그러나 반드시 마음과 기氣가 흩어짐 없이 한곳에 크게 머무른 뒤에야 볼 수 있을 뿐만 아니라 그것을 캐어 내는 방법도 없다는 것이다.

간혹 그것을 캐어 내는 방법을 말하는 사람이 있지만 그는 크게 잘못이라는 것이다. 즉 육신을 받기 전부터 있던 우리들 본래 면목이라면 그것으로 말미암아 육신이 이루어지고, 육신의 오관으로 인해 마음도 만들어졌을 것이다. 그렇다면 육신과 마음이란 그것의 그림자와 같은 것인데 그림자가 어찌 실체를 붙잡아 캐어 낼 수 있겠느냐는 것이다.

그러므로 그렇게 말하는 사람은 스스로도 알지 못해 큰 거짓말을 하는 것이다. 그것은 마치 눈 먼 자가 여러 사람들을 인도하여 험한 산길을 건너려는 것이니, 자신은 물론이고 또한 여러 사람들을 위험에 처하도록 하는 것이니 어찌 큰 잘못이라 하지 않을 수 없다는 것이다.

그리고 이후로는 여조사께서 경험한 바를 적어 놓은 듯하며 크다거나 작다는 허망한 분별이 떨어져 나감을 설하고 있는데, 그것에 대해 구태여 설명을 달아서는 안 될 것이며 그럴 필요도 없을 것 같다. 후학들을 위한 마음으로 자세하게 언급하신 여조사의 마음을 살피면서, 혹여 이해가 안 되는 부분이 있더라도 너무 헤아려 짐작하려 들지 말고 찬찬히 읽어보면 될 듯싶다.

♀ ♀

그것을 오래도록 보고 있노라면 마음자리가 빛나고 밝아지며 저절로 마음이 그에 아무 것도 빌붙을 수 없이 비게 되고 마음이 밖으로 새어나가는 번뇌가 그치게 된다. 만약 오늘은 용(龍)과 범(虎)을 찾고 내일은 물(水)과 불(火)을 찾게 되면, 끝내는 헛된 생각(妄想)을 그치고 만다. 나는 지난날 화용진인이 말로 전해 주던 가르침을 이와 같이 받았었다.

단丹을 말하고 있는 다른 책들에서는 어떻게 말하고 있는지 모르겠다. 하루에는 하루대로 원圓을 그리는 궤도를 하늘이 한 바퀴 돌고, 한 시간에는 한 시간대로 한 바퀴를 도는데, 사람에게 있어서는 서로 반대 방향에 자리 잡고 있는 감坎괘와 이離괘가 서로 어울리는 곳이 바로 원圓을 그리는 궤도의 한 바퀴이다.

나에게 있어서 두 가지가 서로 어울림이 하늘에 있어서는 원圓을 그리며 도는 것과 같다. 그 어울림(交)을 쉴 수가 없으나, 어울리는 때가 있는가 하면 어울리지 않는 때가 있다. 그러나 하늘이 원을 그리는 궤도를 돌아감은 일찍이 조금도 그쳐 본 적이 없다.

그러한 결과로 음陰을 대표하는 태泰괘가 이루어지고 온 누리가 봄처럼 따뜻하고 조화로워지며, 나의 몸에 있고 한 가운데 되는 곳(中宮)이 바른 자리를 잡게 되고, 모든 사물이 한꺼번에 힘차고 가득하게 되니, 다름 아니라 그것이 단丹을 가르치는 경전에서 말하고 있는 머리 감고 몸 씻는 방법(沐浴)인 것이다.

이것이 큰 원을 그리는 궤도를 도는 것(大周天)이 아니고 무엇이겠는가, 이 가운데에서 일어나게 되는 시절詩節의 변화나 내면적인 기氣의 변화의 모습(火候)을 볼 것 같으면, 구체적으로 그 하나하나에는 크거나 작거나 하여서 서로 같지 아니함이 있지만, 깊이 따져 보게 되면 마침내 크다거나 작다거나 하는 구별을 할 수 없게 된다.

가르침을 배우고 익힘이 저절로 그렇게 이루어지는 경지(自然)에 이르게 되면, 감坎이니 이離이니 하는 것이 무슨 물건인지, 하늘(天)이니 땅(地)이니 하는 것이 무엇과 같은 것인지, 무엇을 어울림(交)이라고 하는지, 무엇을 두고 원을 그리는 궤도를 한 바퀴 또는 두 바퀴 돈다고 하는지 모르게 된다.

어느 곳에서 이것은 크다 저것은 작다 하는 분별(分別)을 찾을 수 있겠는가, 통틀어서 말하자면 사람의 몸에서 이루어지는 원 궤도의 돌아감(旋運)은 어떠한 경우에도 진리에 합하는 참된 것뿐이라고만 할 수는 없는 것이다. 참된 것이 아닌 경우에는 아주 큰 것을 보아서 얻었다고 하더라도 그것은 작은 것이다. 참된 것인 경우에는 원 궤도를 단 한 바퀴만 돌더라도 하늘과 땅과 모든 것들이 모두 그와 함께 원을 그리며 돈다.

다시 말하면 사방 한 치밖에 안 되는 곳(方寸處)에 있을지라도 그 매우 작음(極小)이 또한 아주 큼(極大)이 된다는 것이다. 그러므로 금단金丹을 이루게 되는 기氣의 변화하는 모습(火候)은 그 배우고 익힘이 처음부터 끝까지 저절로 그렇게 되는 경지에 이르러야 한다. 저절로 일어나지 않으면 결국 하늘은 하늘로 돌아가 그저 하늘일 뿐이고, 땅은 땅으로 돌아가 그저 땅일 뿐이며, 모든 것(萬物)도 제각각 모든 것으로 돌아가 제각각일 뿐이다.

만약 억지로 그것들을 합쳐 놓더라도 끝내는 합할 수 없게 된다. 마치 기후가 대단히 가물어서 음과 양이 조화되지 못한 경우와 같으니, 해와 달이 하루도 돌지 않는 적이 없지만, 끝내 여러 가지 자연스럽지 못한 모습이 나타남을 보게 되는 것과 같다.

내가 능히 음과 양을 수레바퀴처럼 돌게 할 수 있어서 몸이 조화롭게 길러지고 살아나서 저절로 그러함에 이르게 되면, 한 때에 문득 구름이 뭉게뭉게 일고 비가 내리며, 풀과 나무가 술기운이 가득 오른 듯이 싱그럽고, 산이 푸르고 강이 힘차게 흐르며, 온몸이 탁 풀리되 가슴이 빠르게 쿵쾅거리는 듯하다가 곧 단박에 풀어짐을 깨닫게 된다. 이것이 곧 큰 원의 궤도를 도는 것(大周天)이다.

그 무엇이 살아 나오기 시작하는 때(活子時)의 모습이 매우 설명하기 어렵고 묘한데, 그것을 알고자 한다면, 반드시 그 무엇이 바른 자리에 자리 잡고 있는 때(正子時)라는 것을 인정해야 하니, 마치 눈에 보이는 모습에 매이는 일 같지만, 눈에 보이는 모습에 매달리는 일이 아니다. 그 무엇이 바른 자리에 자리 잡고 있는 때(正子時)를 또렷하게 가리켜 내지 못한다면, 어디로부터 그 무엇이 살아 나오기 시작하는 때

(活子時)를 알아낼 수 있겠는가,

그런가 하면 이미 그 무엇이 살아 나오기 시작하는 때(活子時)를 알아냈으면 확실히 그 무엇이 바른 자리를 자리 잡고 있는 때(正子時)도 있게 되는 것이다. 이것은 하나가 곧 둘인 경우이고 바른 자리를 자리 잡고 있는 경우가 따로 있지도 않고, 살아 나오기 시작하는 때가 따로 있지도 않는 경우이다.

모든 것은 결국 배우고 익히는 그 사람이 진리에 합하는 참된 것을 알아내야 한다는데 달려 있다. 하나가 진리에 합하는 참된 것이면, 그것이 바른 자리에 자리 잡고 있지 아니함이 없을 것이요, 그것이 살아 나오지 아니함이 없을 것이다. 그러나 참되지 못한 것을 보는 경우라면, 어떤 것이 살아나게 되도 어떤 것이 바른 자리에 자리 잡고 있을 수 있겠는가,

그와 같으므로 그 무엇이 살아 나오기 시작하는 때(活子時)라는 것은 때때로 만나게 되는 것이다. 마침내 그 무엇이 바른 자리에 자리 잡고 있는 때(正子時)에 이르게 되어 뜻(志)과 기氣가 맑고 밝으면, 그 무엇이 살아 나오기 시작하는 때(活子時)가 깊은 병에서 살아나듯 잠에서 깨어나듯 피어 나와서 나타나게 된다.

만약 미처 살아 나오는 때의 모습을 알아보지 못한 사람은 오직 바른 자리에 자리 잡고 있는 떼에 대하여서만 경험을 가지게 될 뿐이다. 다시 말하면 바른 자리에 바르게 자리 잡고 있는 것(正者)은 눈앞에 나타나 있지만, 살아나오기 시작하는 것(活者)은 헤아리기 어렵게 신령하고 묘하지 아니함이 없다는 말이다.

제 13장 세상에 권하는 노래
勸世歌第十三

呂祖曰。吾因度世丹衷熱。不惜婆心并饒舌。世尊亦為大因緣。直指生死真可惜。老君也患有吾身。傳示谷神人不識。吾今略說尋真路。黄中通理載大易。正位居體是玄關。子午中間堪定息。回光祖竅萬神安。藥產川原一兎出。透幌變化有金光。一輪紅日常赫赫。世人錯認坎離精。搬運心腎成間隔。如何人道合天心。天若符兮道自合。放下萬緣毫不起。此是先天真無極。太虛穆穆眹兆捐。性命關頭忘意識。意識忘後見本真。水清珠現玄難測。無始煩障一旦空。玉京降下九龍冊。步霄漢兮登天關。掌風霆兮驅霹靂。凝神定息是初機。退藏密地為常寂。

吾昔度張珍奴二詞皆有大道。子後午前非時也。坎離耳。定息者。息息歸根。中黄也。坐者。心不動也。夾脊者。非背上輪子。乃直透玉京大路也。雙關者。此處有難言者。地雷震動山頭者。真氣生也。黄芽出土者藥生也。小小二段。已盡修行大路。明此可不惑人言。回光在純心行去。只將真息凝照于中宮。久之自然通靈達變也。總是心靜氣定為基。心忘氣凝為效。氣息心空為丹成。心氣渾一為溫養。明心見性為了道。子輩各宜勉力行去。錯過光陰可惜也。一日不行。一日即鬼也。一息行此。一息真仙也。勉之。

呂祖께서는 다음과 같이 말씀하였다.

수행하는 이들이여! 내가 이제 세상을 건져 단丹을 이루는 이야기를 아낌없이 하였으니 속속들이 행하기를 바란다. 친절한 마음으로 아낌없이 한마디 하노라. 석가세존께서도 큰 인연을 위하여 생사의 근본 자리를 바로 가리켰건만 안타깝도다! 깨달은 자 얼마이던가!

노자께서도 우리 몸을 걱정하시어 곡신(谷神골짜기의 텅 비고 묘한 도리)을 가르쳐 주셨건만, 사람들은 알아내지 못하네, 내가 이제 진리의 길을 찾는 일을 간추려 말하노니, 한 가운데 길(黃心)을 쭉 통하는 이치가 역(易)이라는 큰 진리에 실려 있도다. 내 몸의 어디엔가 바른 자리가 알고 보니 진리의 관문(玄關)이며, 子(하단전)와 午(상단전)의 중간에서는 숨을 안정(定息)시킨다.

빛이 있어 태어난 뒤로 막혀 버린 그 구멍(祖竅)으로 빛이 돌아오면, 온몸의 정신(神)이 편안해지고, 단약(丹藥)이 몸에 흐르는 강물의 근원에서 생겨나니, 하나의 기(一氣)가 솟아온다. 가려진 막을 뚫으면 금빛(金光)이 찬란하며, 한 덩어리 둥그런 해가 변함없이 붉게 빛난다. 세상 사람들은 감(坎)과 이(離)의 속 알맹이라 잘못 알고 있지만, 신(腎)에서 심(心)까지 옮겨 가려면 아직도 그 사이가 가로막혀 있다.

어찌하면 사람의 길(人道)이 하늘의 중심(天心)에 합할 수 있을까, 하늘이 만약 부합하여 준다면 사람의 길은 저절로 합하여 질 텐데... 모든 연분(萬緣)을 내려놓고 털끝 하나의 생각도 일으키지 말면, 이것이 바로 태어나기 이전이요, 진리에 합하는 참된 무극(無極)이다. 태초太初같은 텅 빔(太虛)이 아름답도록 고요하여 어떠한 낌새도 녹아 들어가 버리고, 본성性과 명命으로 들어가는 곳(玄關)에서 의식을 잃어버린다.

의식이 사라진 뒤에야 본래의 참된 진리가 나타나는 것이니, 물이 맑으면 구슬이 보이지만 그 깊이야 어찌 헤아릴 수 있겠는가, 처음을 알 수 없는 번뇌의 가로 막음(腸膜)이 하루아침에 걷혀 버리면 하늘나라(玉淸.玉京)에서 아홉 마리 용이 수놓인 책을 내린다.

구름과 은하를 걸어서 하늘의 궁궐에 오르고 천둥 번개를 손에 잡고 벼락을 타고 달린다. 정신神을 엉겨 모이게 하거나(凝神) 숨을 안정시키는 것(定息)은 처음 배우고 익히는 기틀(初機)이요, 비밀스러운 자리에 되돌아와 감춤이 바로 형상을 여의고 변함이 없음(常)이며 번뇌를 끊음(寂)이다.

내가 접때에 장진노라는 사람에게 두 마디 글귀를 주어서 우리의 가르침의 큰 진리를 깨닫게 하여 이끌어 주었다. 子의 뒤이니 午의 앞이니 하는 것들은 시간을 가리키는 것이 아니며 후천 팔괘 방위에 가리키는 것이 아니고, 후천팔괘 방위에 있어서의 감坎괘와 이離괘를 가리키는 것이며, 사람의 몸에 있어서 그 방위에 해당하는 곳을 가리키는 것이다.

숨을 머무른다(定息)는 것은 숨을 쉴 때마다 그 숨이 마음과 서로 하나가 되고, 氣가 우리 몸의 가장 한 가운데(中黃)

에 있는 뿌리(丹田)로 돌아가는 모습(息息歸根)을 말한다. 앉아 있다(坐)는 것은 마음이 움직이지 않는 것이다. 등뼈(夾脊)라는 것은 등뼈의 마디마디를 말하는 것이 아니고, 하늘나라로 곧바로 뚫고 올라가는 큰길 즉 독맥督脈을 말한다.

등뼈에 나란히 있는 두 개의 관문(雙關)이라는 것은 이곳에서 말하기 어려운 것이다. 모든 것을 잊고 정신神이 지켜주어서 마음을 텅 비게 하고 번뇌를 끊으며, 아무 것도 없음(無)에로 돌아가는 경우에만 이 관문을 보게 되고 또한 뚫고 지나갈 수도 있는 것이다.

옥 같은 액체(玉液)도 이곳에서 변화되고, 피도 이곳에서 이루어지고, 태어난 뒤에 이루어진 요소들이 이곳에서 태어나기 이전으로 돌아가며, 기氣도 이곳에서 정신神으로 돌아가고, 정신神도 이곳에서 텅 빔(虛)으로 돌아가며, 텅 빔(虛)도 이곳에서 진리의 길에 합하게 되고, 진리의 길도 이곳에서 그 공변된 뜻(志)의 처음과 끝을 이어서 원圓을 이루어 완전하게 할 수 있으며, 공변된 뜻(志)도 이곳에서 그 바라는 바를 다 채울 수 있는 곳이다.

말로는 이루 다 말할 수 없는 것이 이곳이다. 그리하여 땅에서 번개와 천둥이 쳐서 산봉우리를 흔들어 놓는 경지에 이르면, 진리에 합하는 참된 기(眞氣)가 생기는 것이다. 노란 새싹(黃芽)이 땅속으로부터 나온다는 것은 진리에 합하는 참된 약(眞藥)이 생기는 것이다.

그 모든 일의 터전은 오직 나란히 있는 두개의 관문과 그로부터 이어지는 큰길(雙關)을 신(神)이 지킴으로 말미암아 쌓여진다. 위의 두 글로써 진리의 길을 닦아 나아가는 일을 이미 다 말하였다. 이것들을 똑똑하게 알게 되면, 남들의 이렇다 저렇다 하는 말에 마음을 빼앗기지 아니할 것이다.

접때에 공자와 그의 제자인 안자(顏子)가 태산의 봉우리에 올라가 오나라 땅(吳門)에서 노니는 흰 말의 떼를 바라본 적이 있다. 안자는 그것을 보고, 비단을 필 채로 쭉 펴놓은 것이라고 여겼다. 그러자 공자가 급히 그의 눈을 가려 주었는데, 그 이유는 안자가 눈의 능력을 너무 많이 써 버려서 정신(神)의 나타남인 빛(神光)을 다 써 버릴까 봐 걱정이 되었기 때문이다. 그래서 그런지 안자(顏子)는 젊은 나이에 죽었다.

빛을 돌리는 일(回光)을 부지런히 배우고 익히지 않으면 안 되는 것이다. 빛을 되돌리는 일(回光)은 잡됨이 없이 순수한 마음으로 배우고 익혀 나가느냐 하는데 달려 있으니, 오직 마음과 숨이 하나로 합하여져서 몸의 한 가운데 해당하는 곳(中宮)을 초점을 맞추어 비추고 있는 것일 뿐이다. 그렇게 오래도록 지켜 나가면, 저절로 신령해질 수 있고 변화에 이를 수 있게 되는 것이다.

모든 것은 마음이 움직임(念)과 변화를 여의고, 고요한(靜心)가운데 기氣가 안정되어야만 그 위에서 이루어질 수 있는 것이다. 마음은 그 자체를 잊어버리고(心忘), 기氣는 모여서 덩어리를 이루면 모든 것이 제대로 이루어진 것이다. 기氣조차도 사라지고 마음이 깨끗이 비어 있게 되면(心空) 단丹이 이루어진다.

마음과 기氣가 완전히 섞여서 하나로 되면, 마치 어머니가 아이의 태胎를 열 달 동안 따뜻이 기르듯이 진리의 태아(道胎)를 따뜻이 기르게(溫養) 된다. 마음이 밝게 빛나고 본성이 나타나면(明心見性), 진리의 길(道)을 다 지나와서 마치는 (了) 것이다.

수행하는 이들이여! 그대들은 각자 제 나름대로 힘써 배우고 익혀 왔지만(修行), 세월을 헛되이 보내지 않았는가, 그것은 마치 전 인생을 헛된 것에게 아무런 의미도 없이 제물로 바쳐 버리는 것이라 안타깝고 안타깝도다. 하루라도 이것 (回光)을 행하지 않으면 그 하루는 살아 있는 귀신이 되어 사는 것이며, 한 번의 호흡에서 이것을 배우고 익히면 그 한숨 동안은 신선인 것이다. 수행하는 이들이여 부지런히 배우고 익힐지어다.

☞

여조께서 마지막 장에서 수행자를 위하여 아낌없이 낱낱이 드러냈으며 경책의 말씀을 하고 있다. 여러 성인들이 생사의 근본 자리를 바로 가리켰으나 깨닫고 깨닫지 못함은 우리 자신에게 달린 것이다. 그러므로 성인의 말씀을 이해하면서 말씀 한데로 행한다면 나루터를 아는 사람이니 진리의 강을 건너지 못할까 무엇을 두려워하겠는가,

여조사 이르길, 내가 이제 진리의 길을 찾는 일을 간추려 말하노니, 한 가운데 길(黃心)을 쭉 통하는 이치가 역易이라는 큰 진리에 실려 있도다. 내 몸의 어디엔가 바른 자리가 있는지 알고 보니 진리의 관문(玄關)이며, 子(하단전)와 午(상단전)의 중간에서는 숨을 안정(定息)시킨다고 하였다.

자와 오는 상단전과 하단전을 의미하며 독맥과 임맥을 통해 호흡을 회전시키면 막혀 버린 그 구멍(祖竅)으로 빛이 돌아오면서 온몸의 정신神이 편안해지고, 단약丹藥이 몸에 흐르는 강물의 근원에서 생겨나니, 하나의 기(一氣)가 솟아나온다는 것이다. 이와 같이 가려진 막을 뚫으면 금빛(金光)이 찬란하며, 한 덩어리 둥그런 해가 변함없이 붉게 빛난다고 한다.

한 덩어리 붉은 해가 솟아나온다는 것은 옛 조사들이 모

두 한결같이 말하고 있는 바, 능엄경에서도 여래께서는 아난 존자에게 이를 다음과 같이 밝히고 있다.

"육근은 원래 하나도 아니요 여섯도 아니건만 끝없는 옛 적부터 전도하게 헤매는 탓으로 분명하고 고요한 가운데서 하나라 여섯이라 하는 것이 생겼나니, 마치 허공에 여러 그릇을 늘어놓으면 그릇 모양이 각각 다름으로 말미암아 허공이 각각 다르다고 말하는 것이다. 그러나 그릇을 치우고 허공을 보면 허공이 하나라고 하거니와 어찌하여 같기도 하고 같지 않기도 하겠느냐?

너의 깨닫고 알고 하는 여섯 가지 근도 역시 그와 같나니라. 밝고 어두운 두 가지가 서로 나타남으로 말미암아 묘하고 뚜렷한 본성 가운데서 고요한 것에 달라붙어 보려는 작용을 내고, 보려는 정기가 물질(色)에 비치어서는 색色을 뭉쳐 안근(眼)이 되었나니, 눈이라 하며 근이 흘러나와 물질을 따라가느니라.

떠들고 조용한 두 가지가 서로 부딪히면서 묘하고 뚜렷한 가운데서 고요한 것에 달라붙어 들으려는 작용을 내고 들으려는 정기가 소리에 닿아서는 소리를 뭉쳐 이근(耳)이 되었나니, 귀라 하며 근이 흘러나와 소리를 따라가느니라.

통하고 막히는 두 가지가 서로 나타남으로 말미암아 묘하고 뚜렷한 가운데서, 고요한 것에 달라붙어 맡으려는 작용을 내고 맡으려는 정기가 냄새에 비치어서는 냄새를 끌어들여 비근(鼻)이 되었나니, 코라 하며 근이 흘러 나와 냄새를 따라가느니라.

싱겁고 맛나는 두 가지가 서로 뒤섞임으로 말미암아 묘하고 뚜렷한 가운데서 고요한 것에 달라붙어 맛보려는 작용을 내고 맛보려는 정기가 맛에 비치어서는 맛을 쥐어짜 설근(舌)이 되었나니, 혀라 하며 근이 흘러 나와 맛을 따라가느니라.

떼고 합하는 두 가지가 서로 스침으로 말미암아 묘하고 뚜렷한 가운데서 고요한 것에 달라붙어 닿이려는 작용을 내고 닿이려는 정기가 촉에 비치어서는 촉을 주물러 신근(身)이 되었나니, 몸이라 하며 근이 흘러나와 닿임(촉)을 따라가느니라.

생멸하는 두 가지가 서로 계속됨을 말미암아 묘하고 뚜렷한 가운데서 고요한 것에 들어붙어 알려는 성품을 내고 알려는 정기가 법진(좋고나쁨)을 잡아 당겨 의근(意)이 되었나니, 생각하는 뜻이라 하며 근이 흘러 나와 법진을 따라 가느니라.

이러한 육근은 본각의 밝은 성품을 다시 밝히려는 명각(明覺)이 생김으로 말미암아 묘하게 밝은 성품을 잃어버리고 허망한데 물들어 빛을 내는 것이니라. 그러므로 밝고 어두움을 여의면 보는 성질이 없을 것이요 떠들고 고요함을 여의면 듣는 성질이 없을 것이요 통하고 막힘을 여의면 맡는 성질이 없을 것이요 싱겁고 맛남을 여의면 생각하여 아는 성질이 없을 것이니라.

네가 다만 떠들고 고요함과 떼고 합함과 싱겁고 맛남과 통하고 막힘과 나고 없어짐과 밝고 어두운 세간의 열두 가지의 유위의 상을 따르지 아니하고 본각에 달라붙은 육근 중에서 한 근만을 골라 벗겨 내고 안으로 굴복시켜 참된 근본으로 돌아가면, 본래의 밝은 빛이 환하게 퍼짐을 따라서 다섯 가지 물들었던 다른 근들도 한꺼번에 원만히 해탈하리라.

육근의 작용은 바깥 대상(前塵)으로 일으킨 바, 알고 보는 것에 말미암지 아니하여 본각이 근을 따르지 않고 밝음이 나게 되면 이로 말미암아 육근이 서로서로 작용하게 되리라. 수행자가 이와 같이 여러 근을 원만히 뽑아 마치고 안으로 환하게 빛을 발하면 허망한 티끌과 세간의 모든 변화하는 상이 끓는 물에 얼음이 녹는 것과 같아서 한 생각을 따라서 무상각을 이루게 되리라.

세상 사람이 사물을 보는 것은 밝음을 인하고 어두우면 보지 못하거니와 밝지 아니하여도 보는 작용이 생긴다면 모든 어두운 것이 영원히 어둡게 하지는 못하리니, 근과 진이 없어지기만 한다면 어찌하여 각의 밝음이 원만하고 묘함을 이루지 않으리요."라고 하였다.

여조사 말씀하시길, 사람의 길(人道)이 하늘의 중심(天心)에 합하려면 모든 연분(萬緣)을 내려놓고 털끝 하나의 생각도 일으키지 말면, 이것이 바로 태어나기 이전이요, 진리에 합하는 참된 무극(無極)이라 하였다.

그러므로 의식이 사라진 뒤에야 본래의 참된 진리가 나타나는 것이니, 물이 맑으면 구슬이 보이지만 그 깊이야 어찌 헤아릴 수 있겠는가, 처음을 알 수 없는 번뇌의 가로 막음(腸膜)이 하루아침에 걷혀 버리면 구름과 은하를 걸어서 하늘의 궁궐에 오르고 천둥 번개를 손에 잡고 벼락을 타고 달린다.

정신(神)을 엉겨 모이게 하거나(凝神) 숨을 안정시키는 것(定息)은 처음 배우고 익히는 기틀(初機)이요, 비밀스러운 자리에 되돌아와 감춤이 바로 형상을 여의고 변함이 없음(常)이며 번뇌를 끊음(寂)이다. 숨을 안정시킨다는 것은 숨을 쉴 때마다 그 숨이 마음과 서로 하나가 되고, 기(氣)가 우리 몸의 가장 한 가운데(中黃)에 있는 뿌리(丹田)로 돌아감을 말한다.

앉아 있다(坐)는 것은 마음이 움직이지 않는 것이며, 등뼈(夾脊)라는 것은 등뼈의 마디마디를 말하는 것이 아니고, 하늘나라로 곧바로 뚫고 올라가는 큰길 즉 독맥督脈을 말한다. 그러므로 모든 것을 잊고 정신神이 지켜 주어서 마음을 텅 비게 하고 번뇌를 끊으며, 아무 것도 없음(無)에로 돌아가는 경우에만 이 독맥이 흘러가는 척추의 관문을 보게 되고 또한 뚫고 지나갈 수도 있는 것이라 한다.

옥 같은 액체(玉液)란 선정에 들면 입에서 단 침이 흘러나오는데 그것도 척추의 관문에서 변화하며, 피도 이곳에서 이루어지고, 태어난 뒤에 이루어진 요소들이 이곳에서 태어나기 이전으로 돌아가며, 기氣도 이곳에서 정신神으로 돌아가고, 정신神도 이곳에서 텅 빔으로 돌아가며, 텅 빔도 이곳에서 진리의 길에 합하게 되고, 진리의 길도 이곳에서 그 공변된 뜻(志)의 처음과 끝을 이어서 원圓을 이루어 완전하게 할 수 있으며, 공변된 뜻(志)도 이곳에서 그 바라는 바를 다 채울 수 있는 곳이라고 하였다.

말로는 이루 다 말할 수 없는 것이 이곳이다. 그리하여 땅에서 번개와 천둥이 쳐서 산봉우리를 흔들어 놓는 경지에 이르면, 진리에 합하는 참된 기(眞氣)가 생기는 것이다. 노란 새싹(黃芽)이 땅속으로부터 나온다는 것은 진리에 합하는 참된 약(眞藥)이 생기는 것이다.

그 모든 일의 터전은 오직 나란히 있는 두개의 관문과 그로부터 이어지는 큰길(雙關)을 신神이 지킴으로 말미암아 쌓여진다는 것이다. 이것을 똑바로 알게 되면, 남들의 이렇다 저렇다 하는 말에 마음을 빼앗기지 아니할 것이다. 그러므로 빛을 돌리는 일(回光)을 부지런히 배우고 익히지 않으면 안되는 것이다.

빛을 되돌리는 일(回光)은 잡됨이 없이 순수한 마음으로 배우고 익혀 나가는데 달려 있으니, 오직 마음과 숨이 하나로 합해져서 몸의 한 가운데 해당하는 곳(中宮)을 초점을 맞추어 비추고 있는 것일 뿐이다. 그렇게 오래도록 지켜 나가면, 저절로 신령해질 수 있고 변화에 이를 수 있는 것이다.

모든 것은 마음이 움직임을 여의고, 고요한 가운데 기氣가 안정되어야만 이루어질 수 있는 것이다. 마음은 그 자체를 모두 잊어버리고, 기氣는 모여서 덩어리를 이루면 모든 것이 제대로 이루어진 것이다. 기氣조차도 사라지고 마음이 깨끗이 비어 있게 되면 비로소 단丹이 이루어진다.

마음과 기氣가 완전히 섞여서 하나로 되면, 마치 어머니가 아이의 태胎를 열 달 동안 따뜻이 기르듯이 진리의 태아(道胎)를 따뜻이 기르게 된다. 마음에 밝게 빛나는 본성이 나타나면, 진리의 길을 다 지나와서 마치는 것이다.

수행하는 이들이여! 그대들은 각자 제 나름대로 힘써 배우고 익혀 왔지만, 세월을 헛되이 보내지 않았는가, 그것은 마치 그대의 모든 삶을 아무 의미도 없이 헛된 것에게 제물로 바쳐 버린 것과 같아 안타깝고 안타깝도다. 하루라도 이것(回光)을 행하지 않으면 그 하루는 살아 있는 귀신이 되어 사는 것이며, 한 번의 호흡에서 이것을 배우고 익히면 그 한 숨 동안은 신선인 것이다.

수행하는 이들이여 부지런히 배우고 익힐지어다.

태을금화종지를 통해 후학을 위해 모든 것을 낱낱이 베풀어 밝혀주신 呂祖님과 그 외의 여러 모든 성현님께 삼가 머리 숙여 경배를 드리면서 이 글을 올립니다.

무각합장 終

황금 꽃의 깊은 뜻을 밝히는 물음과 답
(金華闡幽問答)

問 : 태어나기 이전의 배움은 마음이고, 태어난 뒤의 배움은 발자국이 있는 것인 줄 압니다. 輪廻을 면하고자 한다면, 반드시 모습 없는 것을 좇아서 배우고 익혀야 되지 않겠습니까,

答 : 모습 없는 것을 좇아서 배우고 익히겠다고 하는데, 그렇다면 결국 어떻게 해야 된다는 것이냐, 변화와 움직임을 여읜 고요함(靜) 가운데에서 얻을 수 있다고 말할 것이냐, 그렇다면 변화와 움직임(動)은 잃어버릴 것이다. 변화와 움직임(動)을 잃게 되는 그 까닭을 알아내지 못하면 변화와 움직임을 여읜다(靜) 할지라도 얻는 바가 없을 것이다.

변화와 움직임을 여의고도(靜) 얻는 바가 없고, 움직이게 되면 잃어버리고 한다면, 어떻게 하더라도 진리에 이를 수 없을 것이다. 그대가 모습이 있는 것보다 위에 있는 것을 말하였는데 그것은 말이 끊어진 말이요. 마땅히 그러해야 하는 것들이기는 하지만, 그것이 그렇게 되는 까닭을 알지 못한다면 현재 실제로는 발자국이 있는 경지에 머물러 있어서 그것을 벗어나지 못하면서 발자국 없는 것만 찾는 어리석음에 빠지게 된다. 발자국이 있는 경우이든 없는 경우이든 길을

잃고 헤매게 되는 경우에는 천리 바깥까지 벗어날 것이다. 그러나 깨닫게 된다면 하루아침에 이루어질 것이다.

問 : 어떠한 경우를 두고 발자국이 있으면서 발자국이 없는 것만 찾는 것이라고 합니까,

答 : 참으로 부질없도다. 사나이가 예쁘고 아름다운 것을 배우고, 묘한 것 속에서 또 다시 향기로운 것을 찾으니, 모조리 한쪽으로만 치우치게 될 뿐, 바르고 치우침이 없는 가운데에 또 다시 바르고 치우침이 없음을 알지 못하는구나, 아무런 실마리도 일어나지 않는 곳, 그 곳이 참다운 진리요, 우리의 가르침(眞玄)인 것이다.

問 : 어떻게 해야 마음이 변화와 움직임을 여의게 됩니까,

答 : 일이나 물건마다 하나하나 분석하여 파고들면 어렵고 순간순간마다 보존하면 쉬워진다. 보존이라는 것은 그 마음을 보존하는 것인데 마음이 보존되면 주재함이 있게 되고, 주재함이 있게 되면, 일과 물건을 다스릴 수 있게 되는 것이다. 한 번 제대로 되느냐 아니면 한 번 잘못되느냐 하는 데 따라서 하늘이냐 사람이냐 하는 것이 갈라지고, 어진 이가 되느냐 어리석은 이가 되느냐가 결정된다.

가볍게 볼 수 없는 것이다. 다만 마음을 보존하는 것은 끊어지기도 쉽고 잇기도 쉬운데 보존하기를 오래도록 하면 저절로 틈이 없어지고, 틈이 없어지면 이어지고, 이어지면 빛이 밝아지고, 빛이 밝아지면 기氣가 가득 차면 마음이 어둠에 빠지거나 흩어지는 일을 하지 않아도 없어진다.

아! 하늘 아래의 일로서 이 일보다 큰 것이 있는가, 나머지 것들은 모두 끄트머리들이다. 온갖 일로 바쁜 가운데에서도 보존함을 지키면 모든 일 가운데 하나의 진리가 쭉 통하게 된다. 이 짧은 구절의 말을 몸으로 배워 익히지 않고는 끝내 성인의 나라에 들어가기 어렵다.

問 : 빛을 돌려 되비춘다(回光)는 것을 묻습니다.

答 : 비추지 않으면 어떻게 보이겠는가, 뗏목이 아니면 건널 수 없지만 건너는 것은 건너는 것이고 뗏목은 어디까지나 뗏목이다. 뗏목을 본다고 하여서 보는 것이 뗏목일 수 없고, 건널 줄 안다고 하여서 아는 것이 건너는 것일 수 없다.

빛을 돌리는 것은 눈으로 돌리는 것이 아니고, 마음으로 돌리는 것이다. 그렇기는 하지만 마음은 곧 눈인지라 오래도록 빛을 돌려서 신神이 한곳에 엉기면(凝神), 마음 자체를 볼 수 있고 눈도 밝아진다. 겪어보지 아니한 사람은 이러한 경지를 말하기 어렵다.

닫힌 것을 열지 않고 오히려 집착하는 폐단은 자세하고 텅 비게 배우고 익혀서 그 효험을 몸으로 겪어보지 않기 때문에 생겨난다. 그리고 마음을 살피고 구멍(竅)을 깨닫게 되면 그 속에 깔끔한 속 알맹이(精)를 생겨나게 할 수 있는데, 깔끔한 속 알맹이(精)는 조금이라도 엉기면 나타나게 된다.

그렇게 되면 진리의 길로 들어가는 관문(玄關)과 구멍(竅)의 묘한 이치가 나타나게 되고, 몸으로 직접 배우고 익혀서 깨닫는 일이 그 효과를 보게 된다. 그렇지 못하면 모든 것이 아득하고 먼 구름 잡는 이야기에 지나지 않는다. 눈동자를 모아서 배꼽 아래를 보는 것은 아직도 바깥을 닦는 일에 지나지 않고, 내면의 세계를 닦아서 마음의 눈이 생겨야 비로소 참다운 단전丹田이라고 할 수 있다.

기氣가 왼편으로 올라가서 오른편으로 내려오는 일과 오른편으로 올라가서 왼편으로 내려오는 일도 있는데 그 이치는 본래 같은 것이다. 단학丹學의 경전에서는 저절로 그렇게 되는 것을 가르치고 삿된 거나 거짓된 이치는 말하지 않는다. 또한 눈동자에서 빛을 발하는 것은 차원이 낮은 빛이고 원신元神과 원기元氣의 빛이 아니다.

마음의 빛은 바깥에도 속하지 않고 안에도 속하지 않니, 만약 인식의 대상에 끌려서 보고 싶어 하면 마魔로 되는 것이다. 그대들은 때 묻고 물든 지 오래 되었으므로 한 순간에 깨끗하게 하기가 어렵지만, 알고 보면 이 일이야말로 죽느냐 사느냐의 큰일이다. 한 번 빛을 돌리고 정精과 신神을 거두어 다시 살려서 스스로의 마음에다가 빛을 쏟아 붓게 되면, 그것이 바로 부처께서 전해 주셨던 등불인 것이다. 부처께서 전해 주셨던 등불이라는 것은 언제나 변함없이 꺼지지 않는 촛불을 켜서 비추는 것이다.

問 : 배우고 익히는 일은 본성性으로부터 시작하는 것이 아니겠습니까,

答 : 본성性을 배운다고 해서 명命을 배우는 일을 다 마치는 것이 아니다. 먼저 본성性을 찾아내서 그로부터 이끌어 가서 명命에 이르도록 하여 명命에 막힘이 없어지면 본성性도 탁 터지게 되는 것이다. 본성性은 명命이 아니면 탁 터지지 않고 명命은 본성性이 아니면 다 이루어 마칠 수가 없는 것이다.

그러므로 역易에서는 "이치를 끝까지 깨닫고 본성性을 다해서 명命에 이른다."고 하였다. 바닥끝까지 들어가서 깨닫지 않고서야 어찌 신령한 물건이 그곳에 숨어 있어서 사람

을 살리기도 하고 죽이기도 한다는 것을 알 수 있겠는가, 죽고 사는 것이 오직 이 하나에 달려 있을 뿐 달리 알 수 없는 묘한 관문이 따로 있는 것이 아니다.

問 : 마음을 하나의 것에 이르도록 한다는 뜻을 묻습니다.

答 : 마음을 하나의 곳에 이르도록 한다는 것은 참으로 옳은 말이다. 그러나 마음이라는 것은 그것이 있어야 하도록 정해진 곳이 없을 뿐만 아니라, 힘찬 물고기가 튀어 오르듯 살아서 움직이면서 무엇이든지 찾아내기를 잘 하고, 모양과 모습이나 색깔의 굴레 속에 들어 있지 않은 것이다. 모양과 모습이나 색깔이라는 것은 모두가 한 차원 아래의 것이니, 다시 말해서 후천의 것이다. 대상을 안다는 것은 마음의 작용이고, 참다운 속 알맹이가 없으므로 텅 비고 타던 불이 꺼진 듯 고요함은 마음의 본바탕이다.

만약 태어난 뒤에 이루어진 세계, 곧 후천에 매달려 있으면 당연히 태어난 뒤에 이루어진 탁한 기가 일을 맡아서 처리하게 되니, 아무리 다스리려고 해도 결국 끝까지 이를 수가 없으며, 일을 다 해 마치려고 해도 결국 그렇게 할 수 없게 된다.

問 : 신神이 기氣의 가운데에 들어가는 일을 묻습니다.

答 : 어떻게 신神이 어디에로 들어갈 수 있느냐, 신神이란 기氣의 속에 들어가는 것이 아니고, 들어가 있지 않는 곳이 없는 것이다. 이른바 신神이 기氣의 가운데로 들어간다는 것은 태어난 뒤에 이루어진 후천의 신神이 그러한 것이고 태어나기 이전부터 있던 선천의 신神이 그러한 것이 아니다.

정해져 있는 길을 가기 위하여 그 관문을 들어가는 일을 배우고 익힘에 있어서는 기氣의 가운데라는 것이 곧 마음의 가운데인 것이니 자세히 살펴야 하는데, 그렇게 자세히 살펴보면 그곳이 곧 이해하기 어렵고, 묘한 진리의 관문이 열려 있는 곳임을 알게 된다. 만약 힘을 들려서 억지를 부리면 문이 아닌 곳을 파고들어 가게 되니 이해하기 어렵고, 묘한 진리의 관문을 여는 곳이 아니다.

온몸을 도는 기氣라는 것은 아주 위험하기도 하므로 잘 알아 두지 않으면 안 된다. 이해하기 어렵고 묘한 진리의 관문이라는 것은 다름 아니라 하늘의 한가운데이니 구멍(竅) 가운데에서 가리켜 낼 수 있는 것이 아니다. 만약 가리켜 낼 수 있는 어떤 장소가 있다면 그것은 곧 만물의 운행 변화를 말하는 오행五行이라는 굴레의 속으로 들어가는 것인데, 이 일은 그러한 운행 변화를 벗어나 있는 일이다.

우리의 가르침과 배움은 만물의 운행 변화 속으로 떨어지지 않는다. 그러한 운행 변화가 있다면 그는 스스로의 몸으로 실천하지 않은 사람이다. 말과 말을 가지고 그 숨은 비밀을 알려 줄 수 있는 것도 아니요, 글 구절을 가지고 그 속사정을 보여줄 수 있는 것이 아니다. 말없이 깨달을 뿐이요 여러 말을 한다고 되는 것이 아니다.

問 : 자세하게 몸소 겪어 나가는 모든 배움과 익힘에 있어서는 반드시 별난 짓을 하지 말고 자기에게 필요한 것을 하도록 해야 한다는 점을 묻습니다.

答 : 어떠한 배움과 익힘이든지 엄격하지 않고서 빈틈없이 해낼 수 있는 것이 있겠으며, 엄숙하지 않고서 공경하는 마음이 있을 수 있겠는가, 두텁고 공손하여서 스스로를 쓰러지지 않도록 하고 나타나는 경우와 어둠에 묻히는 경우에도, 한결같아서 그것을 하나로 합하며 본바탕과 작용의 사이에 서로 다름이 없도록 한다면, 배우고 익히는 일이 어디에 따로 있겠는가,

어찌 이른바 큰 진리는 말없이 부드럽게 존재하는 것이 아니겠는가, 어떠한 때이든 사리에 맞고 일에 열중하지 않는 때가 없게 되며, 어떠한 일이든 너그럽고 막힘없이 통하지 않는 일이 없게 된다.

問 : 숨을 고르는 일(調息)을 묻습니다.

答 : 코로 쉬는 숨은 바깥 세계의 숨이니 눈에 보이는 몸에서 일어나는 일이다. 마음과 숨이 서로 의지하게 되어야만, 비로소 참다운 숨(眞息)이 되어서, 나가는 숨도 모든 연분을 따르지 않게 되고, 들어오는 숨도 물질이 쌓여서 이루어진 세계를 따르지 않게 된다.

그 열리고 닫히는 기틀과 관문이 되는 구멍(竅)의 묘함은 한때의 우연으로 들여다볼 수 있는 것이 아니고, 반드시 오랜 세월 노력이 쌓이고 쌓여야 된다. 그렇게 하노라면 하루 아침에 환하게 꿰뚫어 터지니, 하늘과 땅이 나의 바깥에만 있는 것이 아니요, 사람이 그 가운데 큰 존재로서 하늘과 땅이 함께 서 있으며, 모든 운행 변화가 하나의 뿌리에서 피어나오는 것임을 알게 된다.

눈에 보이는 몸에서 찾지 않아도 저절로 참다운 숨이 이루어지게 된다. 참다운 숨은 숨을 쉬지 않지만 그럴수록 오히려 숨이 힘차고 솟아나는 듯이 이루어진다. 몸의 어디를 살펴보면서 숨을 쉰다든가, 몸속에서 나는 소리에 귀를 기울이면서 숨을 쉰다든가 하는 것들도, 역시 눈에 보이는 몸에서 일어나는 일이니 이러한 숨의 힘을 빌어서 마음을 거두어 잡는다고 할지라도 그것은 명命으로 이어지는 맥脈이 안 된다. 명命으로 이어지는 참다운 맥脈은 어디까지나 참다운 것 가운데에서 찾아야 하는 것이다.

問 : 원신元神을 가리키는 기토己土는 죽고, 원정元精을 가리키는 무토戊土는 살아난다는 것을 묻습니다.

答 : 우리의 가르침을 배우고 익힘에 있어서는 원신元神을 가리키는 기토己土도 역시 죽지 않는다. 원신元神이 죽으면 원정元精을 가리키는 무토戊土도 살아나지 못하며, 단전丹田의 원정元精이 살아나면 그것이 곧 상단전上丹田의 원신元神이 살아나는 것이다. 이러하지 않고 막힌 곳을 뚫고 숨은 것을 드러내 놓을 수 있는 길은 없다.

問 : 반드시 원신元神을 가리키는 기토己土를 불려서 실한 오라기 걸려 있지 아니한 경지에 이르러야만, 그 다음에 원정元精을 가리키는 무토戊土가 단전丹田에서 발생하는 것이 아니겠습니까,

答 : 비록 그렇기는 하지만 원신元神을 가리키는 기토己土가 어느 정도 불리게 되면 단전丹田의 원정元精을 가리키는 무토戊土가 곧 발생한다. 반드시 단전의 원정元精을 가리키는 戊土가 살아나야만 원신元神이 가리키는 기토己土속에 들어 있는 음陰한 찌꺼기들을 없앨 수 있게 된다.

그렇지 못하면 단지 음陰한 영靈에 지나지 못하니, 제 나름대로 무엇을 얻은 것이 있다고 하더라도 그것은 귀선鬼仙일 뿐이다. 우리가 따르는 진리의 길은 그와 같지 않으며, 하늘에 통하고 땅을 뚫고 나가서 그 묘한 작용이 넘쳐흐르지 않는 곳이 없게 된다. 그대들의 자질은 높은 편이 아니라서 한걸음 한걸음씩 나아가야 되고, 단계를 건너 빨리 갈 수가 없지만 본성性의 하늘을 보게 되는 경우에는 그렇지 않다.

본성性의 하늘을 보지 못하면 마치 검은 옻칠을 한 통 속에서 이리저리 발자취를 더듬는 것과 같으니, 어찌 마른 나뭇등걸같이 앉아만 있는 겉모양뿐인 선禪에 의하여, 아무 것도 얻어내는 것이 없는 경우에 높은 경지로 뛰어올라서 위 세계에 뚜렷이 알려질 수 있겠는가,

태아와 같은 숨(胎息)이라는 것은 사람의 의식 세계를 벗어나 있는 어떤 알 수 없는 힘에 의하여 이루어지는 것이므로 신령한 숨(神息)이라고 할 수 있다. 그러한 숨이 아니면 태아가 있을 수 없고 태아가 아니면 그러한 숨을 쉬지 않는다. 태아와 같은 숨을 배우고 익히는 일이 곧 진인眞人의 숨을 이루는 일인데, 그것은 발뒤꿈치로 깊이깊이 쉬는 숨이다.

그 안에 들어간 경지를 말하게 되면 안과 밖을 나눌 수 없다고 할 수 있지만, 한편으로는 안과 밖을 오히려 구분해야 할 때도 있다. 안과 밖으로 구분된다는 것은 세 개의 관문이 있다는 말이고, 안과 밖으로 구분됨이 없다는 것은 움직일 때나 움직임을 여의고 있을 때나 한결같아서 움직임(動)과 움직임의 여읨(靜)이 하나로 합해져서, 서로 섞여 가지고 한 덩어리로 이루어져서 질적인 변화(化)를 한다는 말이다.

또한 진리를 지혜의 빛으로 비추어 보지 않고 제 나름대로 어떤 깨달음의 경지에 이르렀다고 하더라도 그것은 터진 구름 사이로 새어나오는 햇빛을 보는 것에 지나지 않는다.

問 : 늘어나고 줄어듦이라든가 들어오고 나감이라든가 하는 것이 기氣 아니겠습니까,

答 : 그렇다. 기氣는 반드시 진리에 맞게 줄어들었다가 늘어났다가 해야 하며, 들어왔다가 나갔다가 해야 하는데 우리의 가르침을 배우고 익히는 일에 있어서는 양陽으로 되어 위로 올라가고 음陰으로 되어 아래로 내려가는 일이 그것이다.

問 : 신神과 기氣가 부족한 것을 묻습니다.

答 : 신神과 기氣가 모자라면 스스로의 근본이 자꾸만 소모되게 되니, 너무 오래 되기 전에 잘 채워 주어야 한다. 그것을 채워 주면 불을 때는 것처럼 위로 올라가고, 용龍이니 범(虎)이니 하는 이해하기 어렵고, 묘한 진리의 관문(玄關)이니 하는 것들이 한꺼번에 단박 나타난다.

問 : 나의 몸 안에서 감坎괘와 이離괘에 해당하는 것들이 어우러지면 그로 말미암아서 대약大藥이 나오니, 한 점의 근본 된 성(元性)이 감坤괘에 해당하는 아랫배에 감추어져 있으면서 그 빛을 발하여 은은히 비쳐 나오는 줄로 압니다. 티 없이 깨끗하고 잡념을 끊어 버려서 숨은 멈춘 듯하고, 기氣는 편안하며, 오직 텅 빈 가운데 밝음만이 있는 경지를 하늘과 땅의 마음(天地心)이라고 하는데, 그것이 모든 사물의 운행 변화를 맡아서 처리한다고 압니다. 가르쳐 주시기 바랍니다.

答 : 기氣가 편안하고 숨이 멈춘 듯한 것이 바로 나의 본성性과 명命의 기틀이 다시 살아나게 되는 이치이다. 이치가 그러하기 때문에 다시 걷잡을 수 없이 힘차게 살아서 뛰어 오를 것이다. 그러한 상태를 사람들이 살아나는 활자시(活子時)라고 한다.

間 : 하늘과 땅은 해와 달이 아니면 드러나지 않으니 해와 달이 공간에서 사라지면 하늘과 땅이 소용 돌아치게 됩니다. 신神과 기氣가 합치고 기氣가 맺히며 신神이 엉기면, 그것이 곧 감坎과 이離가 어우러지는 것이 아니겠습니까,

答 : 감坎과 이離는 느끼거나 의식할 수 없는 경지에서 어우러지게 되지만 숨을 쉬는 것은 아직 줄어들지 않는다. 하늘의 길은 옮겨가지 않는 때가 없으나 묘한 것은 정해진 시기 없이 합쳐지는 것이다. 마음으로 그렇게 되도록 하는 것이 아니다. 살고 죽는 것이 하늘에 달려 있는데 하늘이라는 곳에 이러쿵저러쿵 하는 마음이 있겠는가,

間 : 빛을 돌려 되비추는 것이 삶과 죽음을 갈라놓는 바다를 건널 수 있는 뗏목이요, 옥정玉液을 마셔서 온몸에 퍼지게 하는 것은 몸속의 물(水)로서 불(火)을 제어하는 일을 묘하게 비유한 것입니다. 사람의 마음이 깨닫는 것을 두고 말할 것 같으면 그 본바탕은 하나이지만 그 작용은 둘이니, 잠들었다가 깨어나는 깨달음과 저절로 깨닫는 깨달음이 있습니다.

잠들었다가 깨어나는 깨달음은 마치 번갯불이 번쩍하는 것과 같고, 눈과 귀가 보고 듣는 것과 같으나 저절로 진리를 깨닫는 깨달음은 마치 소리가 저절로 귀에 들어오고, 물건이

저절로 눈에 와 닿는 것과 같이 아무 일도 하지 않지만 하지 아니함이 없고, 아무런 것도 없지만 없는 것이 없는데 생각이 한 번 일어나면 신神이 저절로 밝게 빛납니다.

계사전繫辭傳 상에 "그 낌새를 아는 것 그것은 신神이로다!"라는 말이 있습니다. 그것이 어찌하여서 그렇게 되는 것인지 알려고 하지 말고, 언제나 변함없이 일어나는 상황에 응하면서 언제나 변함없이 움직임과 변화를 여의고 있으면, 이것이 곧 이른바 위없는 진인眞人의 가장 높은 자리(最上一乘)가 아니겠습니까,

答 : 이 비유는 어디까지나 마음으로 확인 증명해야만 되는 것이다. 진리를 배우는 사람이 얽히고 설켜서 몸에 휘감기는 가운데에서도 날과 씨가 되는 가닥을 용케 뽑아내는 묘한 방법을 얻고자 해야 된다. 그렇지 않다면 어찌 남다르다고 하겠는가, 평범한 사람들일 뿐이다.

순탄한 경우에야 누군들 지낼 줄 모르겠냐마는, 그저 조금만 어려운 경우를 보태 놓아도 하늘을 원망하고 남을 탓하는 마음을 없애지 못하니, 평소에 어떤 일을 배우고 익혀 놓았는지 알 수 있지 않겠는가, 하늘과 땅의 낳고 길러 주는 보답을 받을 수 있기 위해서는 어디까지나 스스로 헤아려 보아야 하지 않겠는가,

問 : 움직임과 변화를 여의고 조용함(靜)을 몸에 익히는 것을 묻습니다.

答 : 어디 한 번 그대는 어떠한 때와 어떠한 곳에서 움직임과 변화를 여의고 조용함을 익히는가, 물어보자, 만약 이 몸뚱이가 평안하기를 바라서 그렇게 한다면 그것은 건강이나 기르는 조그만 기술이요, 하늘과 땅이 싫어하는 바이니 이른바 게으른 놈팡이라는 것이다. 어찌 진리를 배운다고 말할 수 있겠는가,

넓고 크고 높고 밝은 것은 어느 때 어느 곳에서나 막힘없이 통하니, 그러함이 그 흐름이고 그것이 만물을 만들고 키움인 것이다. 진리는 삶(生)으로써 그 길을 삼고 물리적이거나 화학적인 변화를 일으키니, 진리의 길을 닦는 사람들은 움직임과 변화 속에서 있으면서도 티끌을 떠나 있고, 세상의 일을 벗어나 있고자 해야 하는데, 오히려 그 빛을 조화시키고 그 티끌과 함께하는 방법을 전혀 모른다니 어찌된 말이냐,

하늘은 하늘이고 땅은 땅이며, 사람은 사람이되 사람에서 떠나 있지 않다. 어찌 사람과 멀리 있을 수 있겠는가, 하물며 진리야 사람에게서 멀리 있지 않으며 매일 매일의 쓰임에서 언제나 운행하는 것이 진리 아님이 없는 것 있겠느냐,

진리의 운행이 하늘과 땅에 있으면 하늘과 땅이 되고, 사람에게 있으면 사람이 되니 신神이 보존되고 만물의 운행 변화하는 이치를 알게 된다. 어찌 진리가 사람에게서 멀리 있다고 하겠는가,

問 : 사람에게는 영리하고 아둔한 구별이 있고 가르침에는 그 입장의 차이가 있습니다. 만일 타고난 자질이 밝고 튼튼하다면 그 사람의 본래 바탕이 밖으로 드러나고, 마음의 빛이 밝아서 그 기틀을 살펴보기에 충분하며, 건강은 일의 끝을 보기에 충분하니 가르침을 배우고 익힘이 저절로 쉽고 간결하게 이루어져, 부처의 길을 좇아가는 지름길을 방해하지 아니 하도록 되어 있습니다.

한 번 좇아가서 곧바로 여래의 경지에 들어갈 수 있는 것입니다. 만약 본래의 바탕이 어둡고 가려져 있다면 그것은 텅 빈 경지에 이르는 배움과 익힘이 아직 부족한 것입니다. 텅 빈 경지에 이른다는 것은 일의 옳음을 모으는 일(集義)입니다. 어떤 경우에 마땅함이 있을 때에 그 마땅함에 맞고 합치되는 것을 일의 옳음이라고 말하는데, 그 마땅함에 맞고 합치된다는 것은 곧 사람의 마음에 아주 꼭 들어맞는 경우인 것입니다. 아주 꼭 들어맞는다는 것은 다름 아니라 넘치지도 않고 모자라지도 않는 것입니다. 이렇게 알고 있다면 어떠합니까,

答 : 사람의 마음이 어둡고 가려져 있으면 뚫고 들어가서 비추는 수가 있다. 단지 어렵게 아느냐 타고난 능력으로 아느냐 하는 구별과 노력을 해야 하느냐 노력을 하지 않아도 되느냐 하는 구별이 있을 따름이다. 오직 비추어 내기만 한다면 텅 빔에 이를 수 있는 것이요, 아주 꼭 들어맞는 곳이라는 것은 이미 어디에서도 찾을 곳이 없어지는 것이다.

사람의 인정人情이 차고 더운 것이나 세상살이의 변하고 헛됨을 미리 예측하기는 참으로 어려워서 하나도 정해져 있는 것이 없다. 꽃이 필 때에는 사람들이 즐겁게 보지만 꽃이 질 때에는 한 무더기 거름풀에 지나지 않아서 쓸어 버려야 할 것으로 되니, 쓸어 버려서 깨끗하게 되면 다시 눈에 보이지 않는 것은 이치(道)로 남고, 눈에 보이는 것은 이치를 담고 있는 그릇(器)으로 남는다. 나의 얼음이 하늘과 땅과 더불어 그 유구悠久함을 같이하는 것은 하늘과 땅의 살리기를 좋아하는 마음(好生之心)을 본 받았기 때문이다.

그대들이 만약 그와 같은 바람(願)을 일으켜서 능력과 재주에 따라 스스로에게는 손해를 끼치지 않고, 남에게는 이익을 주며 때와 일에 따라 힘껏 행하되, 오직 마땅함에 맞고 허물이 없도록 한다면, 화禍을 바꾸어 복福이 되게 할 수 있을 것이다. 이것이 바로 길吉한 별이요, 우리의 가르침이 토해 놓은 큰 제자이니, 다음에 죽어서 저 세상의 보답을 받고, 사람들의 화복禍福을 좌지우지하는 권한을 얻을 것이요, 나보다 못할 것이 없을 것이다.

나의 말하는 바가 흘려버리는 이야기가 아니니 반드시 잘 알아듣도록 하라. 오늘날 진리를 배우는 사람들은 흔히들 움직임과 변화를 여의는 것만을 좋아하고 움직임과 변화는 싫어하는 잘못을 범하고 있으나, 그것은 스스로에게 얽혀 있는 원한이나 골치 아픈 일을 억지로 벗어나려고 해도 여전히 그 인연을 마쳐 버리지 못한다는 이치를 모르는 것이다.

제멋대로 사람과의 만남을 끊고 세상을 피해 산림 속으로 깊이 들어가서 호랑이나 승냥이나 늑대나 도깨비나 요괴가 거친 벼락이나 매운바람으로 하여금 사람의 마음을 놀라게 하고 신神을 떨게 한다. 더구나 피와 살로 된 몸뚱이는 옷을 입고 먹을 것을 먹어야 한다. 그것을 공급할 수 없어서 이곳저곳으로 사람들에게 빌며 돌아다니게 되니, 추위와 더위와 장맛비가 몸을 파고들어서 신진대사의 조절과 건강의 보호를 할 수 없게 되고 마침내 괴로움과 병이 생긴다.

때가 이르러도 깨닫지 못하고 옆길로 달려 들어가서는 오히려 진리를 배우는 것이 아무런 이익도 없다고 후회하니 남들을 해치기에 아주 알맞다. 또 하나의 부류는 산림을 그리워하여 지금 그러한 일을 하는 것이 마땅한지 그렇지 않은지 생각해 보지 않고 그저 티끌을 떠나겠다고만 하여서 세속의 흐름과 다르고자 하는데, 이것은 찾아온 기회를 망치고 이룰 수 있는 일을 잊어버리는 것이다.

그래서 일이든 몸이든 모자라는 곳이 많게 되고 정신이 날로 무너져 내리며 진리도 물론 알아낼 수 없게 되지만, 스스로 길을 잘못 들었음을 알지 못하고 옆문으로 달려가서는 오히려 '본래 선善은 창성하지 못하는 것이며, 진리는 배울 수가 없는 것이다.'라고 말하곤 한다. 거기에다가 삿된 스승과 이상한 지파를 만들어서 우뚝하게 솟아 있는 진리의 용마루(道宗)를 어지럽게 만들고 명예나 낚으려고 한다. 털끝만 한 차이가 결국 천리의 차이를 가져와서 우리의 가르침을 해치게 된다.

오호라! 두세 제자가 뜻을 높게 일으켜서 우리의 가르침의 묘함을 몸으로 익혀 보고 그 아득한 이치를 뚫고 나가서, 세상살이 가운데에서 힘들여 그것을 닦으니 오히려 산림에서 닦는 것보다 훌륭하다. 우리의 가르침은 아랫대의 제자들에게 전해져 내려갈 것이지만 언제나 세상살이 가운데에서 그것을 닦아 지닐 것이고, 깊은 산의 음험한 굴에 들어앉아서 세상을 피하고 사람과의 만남을 끊고는 스스로 훌륭하다고 하는 사람이 되는 것을 허용하지 않는다.

사람이 생겨나는 것을 보면 태초의 우주같이 섞여서 잠겨 있는 가운데에서 후천後天의 기氣를 품게 되어, 그 바탕이 생겨나게 되고 그 지각知覺이 있게 됨에 이른다. 그럴 때에는 음과 양이 이미 나누어져 있고, 좋아하는 마음이나 욕심이 대단히 뚜렷하게 물들어 있는데, 길하고 흉하고 후회되고 아까워함(吝)이 드넓게 자리 잡아도 스스로는 모른다.

음과 양이 크게 아주 나누어져 버리면 원기元氣을 다시 일으킬 수 없고 그대로 이어나가 죽음으로 이를 뿐이다. 그러한 후천의 기氣의 바탕이 되는 선천의 기氣는 바로 하늘과 땅의 기氣로서 그대들이 독차지할 수 있는 것이 아니다. 그 가운데에 진리의 통함이 보존되어 있으니 선善한 사람은 그것을 선善하게하고, 악惡한 사람은 그것을 악惡하게 한다. 악惡한 삶의 세계에 떨어지거나 이단의 무리에 떨어지거나, 그 넋(魄)이 음陰의 세계로 돌아가거나 얼(魂)이 흩어지거나, 그 느낌이 얇거나 남의 알게 됨을 만나고자 하거나 하는 그 모든 것을 하나의 그릇에 담아서 볼 것은 아니다.

그러나 그렇게 되는 큰 실마리를 볼 것 같으면, 벼(禾)에서 기장(黍)이 생기지 않으며 봉황이 까마귀를 기르지 않는 것과 같이 각각 우리의 가르침과 같지 아니한 곳이 있기 마련이다. 사람들의 좋아가고 있는 방향이 어떠한지 보면 알 수가 있을 것이다. 　　　　　　　　　　 문답 終

지은이소개

저자 무각(無覺)스님은 IMF 여파로 세속의 사업을 접고 출가했으며, 그 후 입산하여 20년간을 끊임없이 마음 깨닫는 수행에 정진하면서 보고 듣는 일이 많아진 현대인의 갈등과 방황을 치료하기 위하여 오직 명상 서적만을 집필하였다.

우리는 우리가 누구이며 무엇으로 손과 발을 움직이는 주체를 알지 못한 채 세상을 무의미하게 넘길 수는 없는 노릇이다. 이것저것 손대 보아도 우리가 자신을 알지 못하면 수박 겉핥기처럼 방황과 갈등에 혼란 당할 수밖에 없다.

다음넷의 인터넷 법당인 무비큰스님의 염화실에서 잠든 나를 일깨우기 위한 무각스님의 외침은 계속 연재되고 있으며, 마음에 관한 비밀을 쉽게 이해할 수 있도록 다양하고 폭넓게 설하면서 지성으로 번뜩이는 정신적인 처방으로 현대인을 위한 이정표를 세우다.

부크크에서 출간된 무각명상서재 : www.bookk.co.kr
*직역본금강경/범본금강경/능엄경1,2/원각경(참행복의길)/아함경,붓다의삶과사상/마조어록/달마를깨친능가경1,2/달마견성의길/현대인화두참선/신심명/황벽선사1,2/임제어록/대주선사/해심밀경/조주선사/동산조산/양기방회/태고보우/천목중봉/설봉의존/마조백장/위산앙산/태을금화종지/정토삼부경/
*명상선시--천년을살아라(국판,포켓판)/명상백선/잃어버린나를찾아서/허공의힘줄을끊으리라/하늘을받칠기둥을세우리라/인간은태어난적이없다/
*수필-비교와의도/우리를슬프게하는것/돼지목에진주목걸이/황금불사조/바가바드기타/우리는이미멈추어있다/우리는이미멈추어있다/산채로거듭남의비밀/

풀어쓴 태을금화종지

발 행 | 2018년 10월 1일
저 자 | 무각
펴낸이 | 한건희
펴낸곳 | 주식회사 부크크
출판사등록 | 2014.07.15.(제2014-16호)
주 소 | 경기도 부천시 원미구 춘의동 202 춘의테크노파크2단지 202동 1306호
전 화 | 1670-8316
이메일 | info@bookk.co.kr

ISBN | 979-11-272-4887-1

www.bookk.co.kr